商业模式

工具书

商宁 黄立霞 ◎编著

新疆文化出版社

图书在版编目（CIP）数据

商业模式工具书 / 商宁, 黄立霞编著. -- 乌鲁木齐：新疆文化出版社, 2025.4. -- ISBN 978-7-5694-4923-5

Ⅰ.F71

中国国家版本馆CIP数据核字第2025LS0854号

商业模式工具书

编 著 / 商宁 黄立霞

策　　划	张　翼	封面设计	天下书装
责任编辑	祝安静	责任印制	铁　宇
版式设计	摆渡者文化		

出版发行	新疆文化出版社有限责任公司
地　　址	乌鲁木齐市沙依巴克区克拉玛依西街1100号（邮编：830091）
印　　刷	三河市嵩川印刷有限公司
开　　本	640mm×910mm　1/16
印　　张	8
字　　数	130千字
版　　次	2025年4月第1版
印　　次	2025年4月第1次印刷
书　　号	ISBN 978-7-5694-4923-5
定　　价	59.00元

版权所有　侵权必究

本书如有印装质量问题，可直接向本社调换，服务电话：0991-3773954

前　言

在人类历史的长河中，商业模式始终是推动社会进步和经济发展的重要动力。从最初的物物交换，到后来的货币经济，再到如今的数字化时代，商业模式的每一次革新都深刻地影响着我们的生活方式、产业结构和全球经济格局。随着科技的飞速发展和互联网的普及，我们正处在一个前所未有的新时代，一个商业模式日新月异的时代。

新时代商业模式的发展，离不开其所处的社会、经济和技术背景。在全球化、信息化和智能化的浪潮下，商业环境正发生着翻天覆地的变化。

一是全球化加速：随着国际贸易和投资的不断深化，各国经济之间的联系日益紧密。企业不仅要面对国内市场的竞争，还要在全球市场中寻求机遇。这就要求企业具备更强的国际视野和跨文化沟通能力，以及灵活应对不同市场中环境和法规的能力。

二是信息化普及：信息技术的飞速发展，特别是互联网、大数据、云计算和人工智能等技术的广泛应用，使得信息获取和处理的成本大大降低，效率大大提高。企业可以更加便捷地了解市场需求、客户行为和竞争对手动态，从而做出更加明智的决策。

同时，信息化也为企业提供了更多的营销渠道和服务方式，如电子商务、社交媒体营销等。

三是智能化转型：人工智能技术的不断成熟和应用，正在推动各行各业的智能化转型。从智能制造到智能服务，从智能物流到智能金融，智能化已经成为新时代商业模式创新的重要方向。智能化不仅提高了企业的运营效率和服务质量，还为企业创造了新的增长点和竞争优势。

在新时代的背景下，商业模式呈现出以下特点：

一是以用户为中心：新时代商业模式的核心是以用户为中心，关注用户体验和需求满足。企业不再仅仅关注产品或服务的生产和销售，而是更加注重与用户的互动和沟通，通过提供个性化、定制化的服务来满足用户的多样化需求。同时，企业还通过收集和分析用户数据，不断优化产品和服务，提高用户的满意度和忠诚度。

二是平台化运营：平台化运营是新时代商业模式的重要特征之一。企业通过构建平台，连接供需双方，实现资源的优化配置和高效利用。平台化运营不仅降低了交易成本和信息不对称，还促进了创新和创业，为经济发展注入了新的活力。

三是数据驱动决策：在数字化时代，数据已经成为企业最重要的资产之一。企业通过收集和分析数据，可以更加准确地了解市场需求、客户行为和竞争对手动态，从而作出更加科学的决策。数据驱动决策不仅提高了企业的运营效率和市场竞争力，还为企业提供了更多的创新机会和增长空间。

四是跨界融合创新：新时代商业模式呈现出跨界融合创新的趋势。

不同行业之间的界限日益模糊，企业通过跨界合作和资源整合，可以创造出新的产品和服务，满足用户的多样化需求。跨界融合创新不仅为企业提供了新的增长点，还促进了产业结构的优化和升级。

在新时代背景下，商业模式创新已经成为企业生存和发展的关键。然而，面对纷繁复杂的商业环境和不断变化的用户需求，企业如何进行有效的商业模式创新成为一个亟待解决的问题。因此，我们编写了这本《商业模式工具书》，旨在为企业提供一套系统的、实用的商业模式创新方法和工具书。

本书系统地介绍了新时代商业模式的特点、类型和创新方法，为企业提供了丰富的理论指导。通过深入剖析成功案例和失败教训，企业可以拓宽视野、拓展思路，从而发现新的商业模式创新机会和增长点。本书还为企业提供了大量的实用工具和方法。这些工具和方法可以帮助企业更好地识别市场机遇和威胁，评估自身的优劣势，从而制定出切实可行的商业模式创新方案。

新时代商业模式创新是企业生存和发展的关键所在。面对不断变化的商业环境和用户需求，企业只有不断创新才能保持竞争优势和持续增长。希望本书能够成为广大企业、创业者、学者和咨询师的得力助手，共同推动新时代商业模式创新的发展。同时，我们也期待更多的企业和个人能够加入商业模式创新的行列中来，共同创造更加美好的未来。

目 录

第一章
数字化转型：重塑商业版图

第一节　数字化浪潮下的商业变革…………………………002

第二节　大数据驱动的商业模式……………………………007

第三节　人工智能赋能商业创新……………………………012

第四节　云计算的商业价值…………………………………018

第二章
平台经济：构建共赢生态

第一节　平台经济的崛起……………………………………026

第二节　多边平台的运营策略………………………………032

第三节　平台经济的监管与合规……………………………038

第四节　平台经济的社会责任与可持续发展………………043

第三章
共享经济：激发市场活力

第一节　共享经济的兴起……………………………………050

第二节　共享经济的挑战与应对……………………………056

第三节　共享经济的创新实践………………………………061

第四节　共享经济的展望与社会影响………………………066

第四章
绿色商业：引领可持续发展

第一节　绿色商业的核心理念………………………………074

第二节　绿色商业的实践案例………………………………080

第三节　绿色商业的技术创新………………………………084

第四节　绿色商业的未来趋势与挑战………………………089

第五章
全球化战略：拓展国际市场

第一节　全球化战略的背景与趋势…………………………096

第二节　全球化战略的实施路径……………………………103

第三节　全球化战略的风险管理……………………………109

第四节　全球化战略的持续创新……………………………113

第一章
数字化转型：重塑商业版图

在科技日新月异的今天，数字化转型如同一股不可阻挡的洪流，正以前所未有的力量重塑着全球的商业版图。从人工智能的崛起，到大数据的深度挖掘，再到区块链技术的革新应用，每一项技术的突破都在为企业的运营模式、市场策略乃至整个行业生态带来颠覆性的变化。从制造业的智能制造、供应链优化，到服务业的个性化定制、智能化服务，数字化转型正在深刻改变着企业的运营模式和商业逻辑。数字化转型不再是企业的选择题，而是生存与发展的必答题。

在这场没有硝烟的战争中，那些能够敏锐捕捉时代脉搏、迅速调整战略方向、积极拥抱数字技术的企业，正逐步构建起难以撼动的竞争优势；而那些犹豫不决、故步自封的企业，则可能在这场变革的浪潮中黯然失色，甚至被时代所淘汰。因此，数字化转型不仅是一次技术的革新，更是一场思维方式和企业文化的深刻变革；不仅是企业发展的新机遇，更是关乎生死存亡的重大课题。

第一节　数字化浪潮下的商业变革

在 21 世纪的今天，数字化浪潮正以前所未有的速度席卷全球，深刻改变着各行各业的面貌。企业若想在激烈的市场竞争中立于不败之地，就必须紧跟时代步伐，积极推进数字化转型。本节将着重探讨数字化转型的必然趋势、数字技术对商业模式的颠覆，以及企业在转型过程中面临的挑战与应对策略。

一、数字化转型的必然趋势

数字化转型，是指企业利用现代信息技术，如云计算、大数据、人工智能等，对业务流程、组织结构、产品服务等进行全面优化和重塑，以提升运营效率、增强市场竞争力、实现可持续发展的过程。这一转型不仅是大势所趋，更是企业生存和发展的必然选择。

从全球范围来看，数字化转型已成为企业发展的重要趋势。据麦肯锡全球研究院数据显示，到 2025 年，全球数字化转型的直接经济价值将达到 11.4 万亿美元。其中，中国市场的数字化转型价值将达到 3.7 万亿美元，占全球的 32.5%。这一数据充分表明，数字化转型已成为推动全球经济增长的重要引擎。

在国内，数字化转型同样呈现出蓬勃发展的态势。以阿里巴巴、腾讯、华为、Deepseek 等为代表的互联网和科技巨头，通过数字化转型实现了业务的快速增长和市场的全面拓展。同时，越来越多的传统企业也开始积极拥抱数字化，通过引入新技术、优化业务流程等方式，不断提升自身的竞争力和市场份额。

二、数字技术对商业模式的颠覆

数字技术的快速发展，不仅推动了企业的数字化转型，更对传统的商业模式产生了深刻的影响和颠覆。

首先，数字技术打破了时间和空间的限制，使得企业能够随时随地为消费者提供服务。

以电子商务为例，通过在线购物平台，消费者可以随时随地浏览商品、下单购买，而企业则能够实时处理订单、发货配送。这种"无界"的商业模式，极大地提升了交易效率和消费者体验。

其次，数字技术促进了数据的积累和挖掘，为企业提供了更加精准的市场数据和决策支持。

比如，通过大数据分析，企业可以深入了解消费者的需求和行为习惯，从而制订更加精准的营销策略和产品方案。这种基于数据的商业模式，不仅提高了企业的市场竞争力，还为消费者提供了更加个性化的产品和服务。

此外，数字技术还推动了商业模式的创新和发展。

以共享经济为例，通过数字技术平台，企业可以将闲置资源进行有效整合和再利用，从而实现资源的优化配置和高效利用。这种创新的商业模式，不仅为企业带来了新的收入来源，还为消费者提供了更加便捷、实惠的服务体验。

三、企业数字化转型的挑战与应对策略

尽管数字化转型为企业带来了诸多机遇和优势，但在转型过程中，企业也面临着诸多挑战和困难。

挑战一：技术更新迅速，企业难以跟上步伐

随着数字技术的不断发展和更新，企业面临着技术选型、系统集成、数据迁移等一系列技术难题。为了应对这一挑战，企业可以采取以下策略：一是加强技术研发和创新能力，不断提升自身的技术实力和竞争力；二是积极寻求外部合作和支持，与高校、科研机构、技术服务商等建立紧密的合作关系，共同推动数字化转型的深入发展。

挑战二：人才短缺，难以支撑转型需求

数字化转型需要大量具备数字化思维、技能和经验的人才支持。然而，目前市场上数字化人才供不应求，企业面临着人才短缺的困境。

为了应对这一挑战，企业可以采取以下策略：一是加强内部人才培养和选拔，通过培训、轮岗、晋升等方式，不断提升员工的数字化素养和专业技能；二是积极引进外部人才，通过校园招聘、社会招聘等方式，吸引更多优秀的数字化人才加入企业。

挑战三：数据安全与隐私保护问题

数字化转型过程中，企业面临着数据泄露、隐私侵犯等安全风险。为了保障数据安全和隐私保护，企业需要采取以下策略：一是建立健全数据安全管理体系，制订完善的数据安全政策和流程，加强数据加密、备份和恢复等措施；二是加强员工的安全意识培训和教育，提高员工对数据安全和隐私保护的认识和重视程度；三是积极应对外部威胁和攻击，加强与网络安全服务商的合作和沟通，共同构建安全可靠的数字化环境。

四、企业数字化转型的成功案例分享

以下是一些著名企业在数字化转型方面的成功案例，它们通过不同的路径和策略，实现了业务的增长和创新。

（一）阿里巴巴：电商平台的数字化转型

阿里巴巴通过构建完整的电商生态系统，包括电商平台、支付平台、物流平台等，为消费者提供了便捷、高效的购物体验。同时，还通过大数据分析、AI 技术等手段，深入了解消费者的需求和行为模式，为商家提供更加精准的营销和服务支持。在电商领域，阿里巴巴通过打造智能化的供应链管理系统，实现了商品的快速流通和库存的有效控制；在支付领域，支付宝通过引入人脸识别、指纹识别等生物识别技术，提升了支付的安全性和便捷性。

（二）美团：本地生活服务的数字化转型

作为本地生活服务平台，美团通过构建完善的本地生活服务生态系统，包括外卖、酒店、旅游、打车等多种服务，赢得了众多消费者。美团还通过大数据分析、智能推荐等手段，深入了解消费者的需求和喜好，为商家提供更加精准的营销和服务支持。美团还积极拓展新业务领域，如生鲜电商、智能零售等，进一步丰富了其服务内容和应用场景。

（三）比亚迪：智能制造的数字化转型

在智能制造的浪潮中，比亚迪无疑是一位积极的探索者和实践者。面对全球制造业数字化转型的大势所趋，比亚迪凭借其深厚的技术积累和前瞻的战略眼光，正稳步前行在智能制造的数字化转型之路上。

比亚迪的数字化转型，首先体现在数字化工厂的建设上。比亚迪与瀚码技术携手，通过一刀云 AMES 产线管理系统，实现了实时监控与数据分析、智能化调度与优化、高效的 AI 视觉识别技术等功能，大大提升了生产效率和产品质量。同时，比亚迪还搭建了全方位 QMS 系统，实现了电池全生命周期质量数据的精准追溯，为企业的智能制造提供了坚实保障。

比亚迪还注重数字化管理与智能化生产的深度融合。他们引入了先进的数字化管理系统，将生产流程中的各个环节进行精细化管理，实现了生产数据的实时采集和分析。这一举措不仅优化了生产流程，还提升了企业的运营效率和管理水平。同时，比亚迪还积极推动数字化技术与产品创新的深度融合。他们利用数字化技术，收集和分析消费者数据，指导产品设计和研发。这一举措不仅提升了产品的创新能力和市场竞争力，还为消费者提供了更为个性化和智能化的产品体验。

由此可见，数字化转型已成为企业生存与发展的必然趋势。企业需要紧跟技术发展的步伐，不断创新商业模式，提升产品和服务质量，以满足数字化时代消费者的多元化需求。同时，企业还需要加强数据安全和隐私保护，确保数字化转型过程中的合规性和可持续性。

第二节 大数据驱动的商业模式

在数字化转型的浪潮中，大数据已成为企业竞争的新高地，是企业重塑商业模式、提升竞争力的关键要素。通过深度挖掘大数据的商业价值，优化决策制定流程，并构建完善的数据安全与隐私保护策略，企业能够在激烈的市场竞争中脱颖而出，实现可持续发展。然而，大数据的利用并非没有风险，数据安全与隐私保护同样重要。

一、大数据的商业价值挖掘

大数据之所以被称为"新时代的石油"，是因为它蕴含着巨大的商业价值。企业通过收集、分析和利用大数据，可以洞察市场趋势、预测消费者行为、优化产品与服务，从而创造新的商业价值。

1. 市场趋势预测

阿里巴巴作为国内电商巨头，其旗下的淘宝、天猫等平台积累了海量的用户行为数据，包括搜索记录、购买记录、评价信息等。通过对这些数据的分析，阿里巴巴能够准确预测哪些商品将成为热销品，哪些市场领域存在增长潜力。例如，在云南鲜花产业带，阿里整合了电商平台消费数据、物流信息、天气预测及市场需求趋势，分析不同城市对鲜花品类、价格的偏好变化。通过预测发现，一线城市对小众品种（如马蒂莲、芍药）的需求同比增长40%，而二三线城市更倾向节日礼品花束。阿里巴巴提前3个月向花农提供种植建议，优化品种结构。结果显示，2023年七夕期间，云南鲜花滞销率同比下降25%，核心产区花农平均收入提升30%。

2. 消费者行为洞察

京东则利用用户浏览、购买、评价等大数据，构建用户画像，识别用户的消费偏好、购买周期等关键信息。基于此，京东能够向用户推送个性化的商品推荐、优惠券等，提高用户满意度和购买转化率。数据显示，京东的个性化推荐系统使其销售额提升了约20%。

3. 产品与服务优化

腾讯利用大数据优化其产品和服务，提升用户体验。以微信为例，腾讯通过分析用户的聊天记录、朋友圈发布等数据，不断优化算法，提高信息推送的准确性和及时性。同时，腾讯还利用大数据进行故障预测和运维优化，确保微信服务的稳定性和可靠性。这些努力使得微信成为全球用户量最大的即时通信软件之一。

二、数据驱动的决策制定流程

传统决策往往依赖于经验直觉或有限的数据样本，而大数据时代的决策则更加注重数据驱动，即基于全面、实时、准确的数据分析作出决策。这一流程通常包括数据收集、数据清洗、数据分析、结果解读和决策执行等环节。通过收集、分析、解读数据，企业能够作出更加科学、合理的决策，提高运营效率和市场竞争力。

1. 数据收集与清洗

数据收集是数据驱动决策的基础。企业需要收集来自各个业务环节的数据，包括销售数据、用户数据、市场数据等。然而，原始数据往往存在噪声和冗余，因此需要进行数据清洗，以确保数据的准确性和一致性。

美团点评拥有庞大的餐饮、酒店、旅游等业务板块，每个板块都积累了大量的用户数据。美团通过收集用户的餐饮消费数据、位置数据、评论数据等，构建了全面的餐饮消费画像。然而，这些数据中往往包含大量的噪声和异常值，如重复订单、无效评论等。美团通过数据清洗，剔除这些噪声数据，确保了后续分析的准确性。

2. 数据分析与解读

数据分析是数据驱动决策的核心环节。企业需要运用各种数据分析工具和方法，挖掘数据中的规律和趋势。

例如，格力通过收集内部运营数据、用户反馈和市场调查数据，构建了全面的数据分析体系。这些数据涵盖了产品规格、性能参数、用户评价等多个方面，为深入分析提供了坚实的基础。在数据分析方法上，格力采用了描述性统计、聚类分析、关联规则挖掘等多种技术手段，对数据进行深入挖掘和解读，提高了数据分析的效率和准确性。例如，格力中央空调的用户数量在近年来呈现稳步增长趋势，用户对产品的满意度较高，能效比和制冷性能表现优异。这些结论为格力的产品改进和市场策略调整提供了重要依据。

3. 决策制定与执行

数据分析的结果需要转化为可操作的决策。企业需要对分析结果进行深入解读，然后基于这些解读，制定具体的战略规划和业务决策。

例如，海尔集团通过大数据分析用户的家电使用数据、维修数据等，发现了家电产品的故障规律和维修需求。海尔根据这些分析结果，优化了售后服务流程，提前布局维修资源，提高了售后服务效率；同时，海尔还基于数据分析结果，改进了产品设计，降低了故障率，提升了产品质量。

三、大数据安全与隐私保护策略

大数据的利用为企业带来了巨大的商业价值，但同时也带来了数据安全与隐私保护的挑战。企业需要在挖掘大数据商业价值的同时，构建完善的数据安全与隐私保护策略，确保用户数据的安全和合规使用。

1. 数据加密与访问控制

数据加密是保护数据安全的重要手段。企业需要对敏感数据进行加密存储，确保数据在传输和存储过程中的安全性。同时，企业还需要建立严格的访问控制机制，限制数据访问权限，防止数据泄露。

蚂蚁金服拥有海量的金融数据，包括用户账户信息、交易记录等。为了保障这些数据的安全，蚂蚁金服采用了先进的加密算法，对敏感数据进行加密存储。同时，蚂蚁金服遵循"最小必要原则"收集数据，仅收集提供服务所必需的信息，并建立了严格的内部数据使用政策，只有经过授权的人员才能访问相关数据，有效防止了数据泄露和滥用。

2. 数据脱敏与匿名化处理

数据脱敏和匿名化处理是保护用户隐私的有效方法。企业需要对敏感数据进行脱敏处理，如将用户的真实姓名替换为匿名标识，将用户的手机号码进行哈希处理等。这样可以在保证数据分析效果的同时，降低用户隐私泄露的风险。

字节跳动旗下的抖音、今日头条等产品积累了大量的用户行为数据。为了保护用户隐私，字节跳动在数据分析过程中采用了数据脱敏和匿名化处理技术，将用户数据中的敏感信息替换为随机生成的替代值或删除，确保数据分析结果无法追溯到具体用户。

3. 数据生命周期管理

数据生命周期管理是指对数据从收集、存储、分析到销毁的全过程进行管理。企业需要建立数据生命周期管理机制，确保数据在各个环节中的安全性和合规性。

百度通过数据生命周期管理，确保了数据的安全性和合规性。百度对数据进行了分类管理，根据数据的敏感程度和业务需求，制订了不同的存储策略和销毁策略。同时，百度还建立了数据审计机制，定期对数据的存储、访问和销毁情况进行审计，确保数据的合规性和安全性。

4. 合规性审查与监管

除了企业内部的数据安全与隐私保护策略外，国家也出台了相关的法律法规，规范数据的使用和保护。《中华人民共和国网络安全法》和《中华人民共和国数据安全法》是我国数据安全与隐私保护的重要法律法规，这两部法律对数据的收集、存储、使用和保护等方面进行了明确规定，要求企业建立健全数据安全管理制度，保障数据的安全性和隐私性。

腾讯云为众多企业提供了数据存储、处理和分析服务。为了确保数据使用的合法性，腾讯云建立了严格的合规性审查机制，对所有上云数据进行审查，确保符合相关法律法规的要求。同时，腾讯云还积极与政府部门合作，接受监管部门的指导和监督，共同维护数据安全与隐私保护的良好环境。

大数据已成为企业数字化转型的重要驱动力。它不仅为企业提供了前所未有的洞察能力，还重塑了决策制定流程，促进了商业模式的创新。然而，伴随而来的是数据安全与隐私保护的严峻挑战。因此，企业在享受大数据带来的红利的同时，必须构建完善的数据安全体系，尊重并保护用户隐私，确保数据的安全性和合规性。

第三节　人工智能赋能商业创新

当前，人工智能（AI）已经成为推动全球产业变革的重要力量。在数字化转型的大潮中，AI不仅重塑了商业模式，还带来了深刻的伦理与责任思考，并预示着未来的无限可能。

一、AI在商业模式中的应用场景

人工智能（AI）作为数字经济浪潮中的关键技术，正在深刻地改变企业的运营模式、商业流程和客户体验。从数据分析到自动化，从个性化服务到创新商业模式，AI 的应用无处不在，推动企业实现数字化转型，增强市场竞争力。

1. 个性化推荐

AI 大模型通过分析用户行为和偏好，提供精准的广告和商品推荐，这一技术在电商平台领域的表现尤为显著。根据北京市统计局的数据，2024 年 1 月至 7 月，北京市的网上零售额达到 3 040.3 亿元。占社会消费品零售总额的 38%，AI 的精准推荐在其中发挥了重要作用。

2. 智能客服

智能客服系统通过 AI 大模型实现自动回复和情感分析，显著提高了客户服务的效率和满意度。例如，阿里巴巴的"阿里小蜜"和百度的"度小满"等智能客服机器人，能够 24 小时不间断地提供咨询服务，解决了传统客服人力不足的问题，提升了客户体验。

3. 自动驾驶

在自动驾驶领域，AI 大模型用于路径规划、物体检测和行为预测，为实现全自动驾驶提供了关键技术支持。通过与车辆的摄像头、雷达、云服务、北斗和控制信号结合，AI 能够自动操控车辆，提供紧急制动、盲点监测等附加系统。

4. 智能制造

AI 在制造业中的应用包括智能工厂、预测性维护等。通过实时监控设备状态，AI 能够预测设备故障，提前进行维护，降低生产中断的风险。例如，华为为汽车等行业提供了智能化的生产质量管控平台，该平台通过 800 多个工业级图像处理算子，能够实现对生产过程中的缺陷、异常等进行实时监测和预警，提升了产品质量和生产效率。

5. 零售管理

AI在零售领域的应用涵盖智能购物、库存管理和客户分析。通过AI技术，零售企业能够优化供应链管理，提高客户满意度，增加销售额。例如，大型网店通过AI技术，实现了商品精准推荐和库存管理优化，显著提升了门店的运营效率。

6. 金融服务

AI技术在金融领域的应用包括风险评估、欺诈检测和股票预测，助力金融机构提升决策能力并增强运营安全性。例如，平安银行的"AI客服"通过自然语言处理技术，提供智能化的客户服务，降低了人工客服成本，提高了客户满意度。

7. 物流优化

AI大模型在物流中的应用包括供应链优化、仓储管理和运输路线优化。通过AI技术，物流企业能够实现更高效的货物运输和仓储管理，降低运营成本，提高客户满意度。京东物流由此实现了智能仓储和无人配送，显著提升了物流效率。

8. 个性化学习

AI在教育领域的应用有助于提高教学效率和学习效果。通过深度监控学生的学习数据，AI能够生成个性化的学习计划、学习指南等，提供定制化的学习体验。例如，一些在线教育平台利用AI技术，为学生提供全天候的智能辅导和答疑服务。

9. 健康监测

智能穿戴设备和移动健康应用利用AI技术，实时监测用户的健康状况，提供预警和干预服务。例如，Fitbit等智能手环能够监测心率、睡眠质量等生理指标，帮助用户管理健康。

10. 医疗影像分析

AI 在医学影像分析、疾病预测和病历管理方面展现了巨大的潜力。腾讯觅影平台通过 AI 技术，对医学影像进行深度分析，辅助医生进行肿瘤、糖尿病视网膜病变等疾病的早期筛查，提高了诊断的准确性和效率。

二、AI 伦理与商业责任的平衡

随着 AI 技术的广泛应用，AI 伦理与商业责任的平衡成为企业必须面对的重要课题。AI 技术的快速发展，带来了诸多伦理问题，如数据隐私、算法偏见、就业冲击等。如何在追求技术创新的同时，确保 AI 的发展既高效又安全、既便利又公平，成为企业和社会共同面临的挑战。

1. 数据隐私与安全

AI 技术的广泛应用依赖于大量的数据收集和分析。然而，数据隐私泄露成为 AI 发展中不可忽视的问题。例如，欧盟的《通用数据保护条例》（GDPR）为个人数据保护设定了高标准。企业需要严格遵守相关法律法规，同时加强数据安全管理，采用加密技术、访问控制等手段，确保用户数据的合法收集和使用，防止数据泄露和滥用。

2. 算法偏见与公平性

AI 系统的决策往往基于历史数据，如果数据中存在偏见，AI 系统的决策也会受到影响。例如，在招聘、信贷审批等敏感领域，算法偏见可能导致歧视和不公平待遇。因此，企业需要加强对 AI 算法的监管和评估，同时积极采取措施，消除算法偏见，促进社会的公平和正义。

3. 就业冲击与转型

AI 技术的广泛应用，对就业市场产生了深远的影响。一方面，AI 技术提高了生产效率，降低了人力成本，推动了企业的数字化转型；另一方面，AI 技术也替代了一些传统岗位，导致就业市场的变化。企业需要积极应对 AI 技术带来的就业冲击，通过培训、转型等方式，帮助员工适应新的工作环境和技能要求。

4. 透明度与责任

AI 系统的决策过程往往是一个"黑箱"，缺乏透明性，这使得理解和监督这些决策变得困难。为了增强公众对 AI 的信任，必须提高 AI 系统的透明性和可解释性，确保其决策过程可追溯、可解释。同时，企业也需要承担 AI 决策的责任，确保 AI 系统的决策符合道德和法律标准。

三、人工智能的未来趋势与影响

随着技术的不断进步和创新，AI 的未来发展趋势将更加广泛和深入，对人类生活、产业和社会产生更大的影响。

1. 技术融合与创新

未来，AI 技术将与大数据、云计算、物联网等技术深度融合，推动数字化转型的深入发展。AI 技术将更加注重创新和应用，为企业提供更加智能化、个性化的解决方案。

例如，在智能制造领域，AI 技术将与物联网技术相结合，实现生产设备的智能化管理和维护；在智慧城市领域，AI 技术将与大数据技术相结合，实现城市管理的智能化和精细化；在医疗领域，AI 有望在诊断、治疗、研发等方面取得更多突破，为患者提供更加精准、高效的医疗服务。

2. AI 伦理标准的制定与完善

随着 AI 技术的广泛应用，AI 伦理问题日益凸显。未来，国际社会将加强合作，共同制定和完善 AI 伦理标准，确保 AI 技术的发展既推动社会进步，又保护个体权利。

例如，联合国、世界经济论坛等国际组织正在推动全球 AI 伦理倡议的制定和实施，加强国际合作以达成共识，共同应对 AI 伦理问题。

3. AI 与可持续发展

AI 技术将成为解决全球性问题的重要工具，如气候变化、公共卫生、教育资源分配等。通过 AI 技术的应用，我们可以更高效地利用资源，减少浪费和污染，推动可持续发展。

例如，在农业领域，AI 技术可以帮助农民精准施肥、灌溉，提高农作物的产量和质量，降低生产成本同时减少对环境的影响。

4. 社会治理智能化

AI 技术可以帮助政府提升社会治理的智能化水平，提高公共服务质量。

例如，通过 AI 技术，城市管理部门能够优化交通流量、提高公共安全、改善环境监测，实现城市管理的智能化和精细化。

表 1-1 AI 在不同领域的应用及未来趋势

应用领域	当前应用	未来趋势
零售与电商	推荐引擎、虚拟购物助手	个性化推荐、智能客服优化
金融	机器人顾问、风险管理	深度应用、量化投资

医疗	疾病诊断、健康监测	个性化治疗、精准医疗
教育	个性化学习、智能教育助理	智能辅导、在线学习优化
制造	智能制造	预测性维护
物流	智能物流	自动化配送
自动驾驶	自动驾驶汽车	商业化应用、安全性提升

通过上述分析可以看出，人工智能正在深刻改变商业模式、伦理治理和社会发展。在享受 AI 带来的便利和红利的同时，我们也需要关注其带来的伦理等问题，确保 AI 技术的发展既高效又安全，既便利又公平。未来，AI 将成为解决全球性问题的重要工具，推动社会进步和可持续发展。

第四节 云计算的商业价值

一、云计算的基本概念与类型

云计算作为信息技术发展的重要里程碑，自 2006 年由亚马逊首次推出以来，便以其独特的魅力和巨大的潜力迅速改变了全球商业版图。简单来说，云计算是指通过互联网将分布式操作系统的强大计算能力像水电煤气一样输送给千家万户，让每个人能高效利用这种计算资源，并按实际使用情况付费。

云计算服务主要分为三类：软件即服务（SaaS）、平台即服务（PaaS）和基础设施即服务（IaaS）。

1. 软件即服务（SaaS）

SaaS 提供基于云的软件应用，用户通过浏览器访问，无须安装和维护。常见的例子有电子邮件、协作工具和客户关系管理系统。Salesforce（美国赛福时公司）的 CRM 和微软的 Microsoft 365 是典型的 SaaS 应用。

2. 平台即服务（PaaS）

PaaS 提供开发和运行应用程序的环境，包括操作系统、数据库和开发工具。开发者可以专注于应用的构建，而无须管理底层基础设施。谷歌的 App Engine 和 IBM 的 BlueMix 是 PaaS 的代表。

3. 基础设施即服务（IaaS）

IaaS 提供虚拟化的计算资源，如服务器、存储和网络设备。用户可以根据需要动态调整资源，适用于数据中心和大规模计算。例如，亚马逊的 AwS 和微软的 Azure 都是典型的 IaaS 服务提供商。

云技术也可分为三种类型：公有云技术、私有云技术、混合云技术。

1. 公有云技术

由第三方服务商提供，供外部客户使用。典型代表有国内的阿里云、腾讯云以及亚马逊的 AwS、微软的 Azure 等。公有云的优势在于成本低、可扩展性强，但数据安全性存在一定的风险。

2. 私有云技术

为企业内部专用，它既可以部署在企业内部，也可以部署在云技术提供商的数据中心。所有数据和服务都在企业内部进行管理和控制。

私有云适合对数据安全性要求极高的企业或政府部门，但建设成本较高。

3. 混合云技术

混合云结合了公有云和私有云的特点。在实践中，很多混合云技术客户会将业务关键性应用托管在自己的服务器上，以获得更高的安全性和控制能力，而将相对次要的应用存储在云技术提供商的服务器上。

二、云计算在商业模式中的创新应用

云计算技术在商业模式中的创新应用，不仅提高了企业的运营效率，还加速了数字化转型的进程。

1. 基础设施即服务（IaaS）

一家初创企业无须购买昂贵的服务器和存储设备，只需通过阿里云购买相应的计算资源和存储空间，即可快速搭建起自己的业务系统。这不仅降低了企业的初期投入，还使其能够灵活应对业务增长带来的资源需求变化。

2. 平台即服务（PaaS）

华为云 DevCloud 是一款面向开发者的 PaaS 平台，提供了从项目管理、代码托管、持续集成到测试管理的一站式开发服务。某软件公司通过使用华为云 DevCloud，实现了开发流程的自动化和智能化，显著提高了开发效率，缩短了产品上市时间。

3. 软件即服务（SaaS）

钉钉是阿里巴巴旗下的 SaaS 平台，为企业提供了包括即时通信、协同办公、人力资源管理在内的全方位服务。通过钉钉，企业无须购买和部署复杂的办公系统，只需在云端开通相应服务，即可实现高效协同办公。

4. 物联网与云计算的结合

云计算可以将物联网中大量的数据进行存储和管理，实现对数据的高效处理、分析和应用。

例如，海尔智能家居通过云计算平台，将家庭中的各种智能设备连接起来，实现了对家庭环境的智能监控和控制。用户可以通过手机APP随时随地查看家庭设备状态，调整家庭环境参数。海尔智能家居的云计算平台不仅提高了家庭生活的便利性，还通过数据分析为用户提供了个性化的家庭服务。

5. 人工智能与云计算的融合

云计算可以承载大量的数据、模型和算法等，实现对人工智能技术的高效应用。

例如，京东云·言犀依托云计算技术，为零售、金融、教育、政务等行业提供了全渠道全生命周期的营服销一体化智能服务。通过言犀平台，企业可以实现智能化客户服务、精准营销和高效运营，提升了企业的智能化水平和竞争力。

三、云计算的成本效益分析

云计算相比传统的IT模式具有显著的成本效益优势。虽然云计算需要投入大量的前期资金来构建或租用云平台，但从长期来看，云计算能够显著降低企业的运营成本，提高运营效率。

1. 降低硬件成本

企业无须购买昂贵的硬件设备，只需按需付费使用云服务，从而降低了硬件成本。同时，云计算提供商会通过资源共享等方式，将硬件设备的成本和一部分管理成本转移出去，进一步降低了用户的操作成本。

2. 降低运维成本

云计算环境下，可以根据实际业务需求对资源进行弹性调整，避免了传统 IT 环境下的资源浪费和使用不足的问题。同时，云计算提供商会对云平台进行安全检查和维护，确保数据的安全性和稳定性，降低了企业的运维成本。

根据中研普华产业院的研究报告，2023 年全球云计算市场规模已达到 5 864 亿美元，同比增长 19.4%。而中国云计算市场规模达到 6 165 亿元，同比增长 35.5%，增速大幅高于全球水平。云计算的广泛应用，不仅降低了企业的 IT 成本，还推动了企业的数字化转型和产业升级。

3. 提高运营效率

云计算环境下，企业无须关注底层硬件设备和系统维护，可以更专注于业务的开发和应用，提高了工作效率。同时，云计算提供了丰富的开发工具和应用环境，支持企业快速开发和部署应用程序，缩短了产品的上市时间。

4. 灵活性与可扩展性

云计算支持企业根据实际业务需求随时扩展资源，避免了传统 IT 环境下的硬件扩充的问题。这种灵活性使得企业能够快速应对市场变化，抓住商业机会。

例如，腾讯云弹性伸缩服务可以根据业务负载自动调整计算资源，确保业务在高并发场景下稳定运行。某电商网站在促销活动期间,通过腾讯云弹性伸缩服务,快速增加了服务器资源,有效应对了流量高峰,保证了用户访问的流畅性。

5. 数据安全性与可靠性

云计算提供商会对云平台进行安全检查,确保数据的安全性和可信度。同时,云计算通过分布式存储和备份机制,提高了数据的可靠性和容错性。例如,阿里云的数据加密技术可以确保数据在传输和存储过程中的安全性;云盾服务可以实时监测和防御网络攻击,保障业务系统的稳定运行。

表 1-2 传统 IT 模式与云计算的成本效益分析

项目	传统 IT 模式	云计算模式
硬件成本	高	低
运维成本	高	低
开发效率	低	高
资源利用率	低	高
灵活性	低	高
安全性	依赖企业自身	由云计算提供商负责

在数字化转型的大潮中,云计算不仅是技术创新的代表,更是商业模式变革的重要推手,正在深刻改变着企业的运营方式和商业模式。通过 IaaS、PaaS 和 SaaS 等不同类型的服务,云计算为企业提供了高效、灵活、安全的 IT 解决方案。同时,云计算与物联网、人工智能等前沿

技术的融合，将进一步推动企业的数字化转型和产业升级。未来，随着技术的不断进步和应用场景的不断拓展，云计算的商业价值将得到更加充分地发挥和释放。

第二章
平台经济：构建共赢生态

在数字化时代，平台经济如雨后春笋般蓬勃兴起。它不仅是技术创新的集中体现，更是商业模式革命的前沿阵地。平台经济通过打破传统界限，将生产者、消费者以及各类服务无缝链接，构建了一个多元共生、互利共赢的新生态，让资源得以更高效地配置，让创意和创新得以更自由地流淌。在这个生态系统中，每一个参与者都能找到属于自己的舞台，共同演绎着价值共创与资源共享的精彩篇章。

平台经济以其独特的魅力和无限的潜力，引领着全球经济的深刻变革。然而，平台经济的发展并非坦途一片，如何在机遇与挑战并存的当下，构建更加公平、高效、可持续的共赢生态，成为我们共同面临的课题。这不仅是一场对传统经济逻辑的深刻反思，更是对未来经济蓝图的勇敢探索。

第一节　平台经济的崛起

一、平台经济的定义与特征

平台经济，这一名词近年来频繁出现在我们的视野中。那么，究竟什么是平台经济呢？简单来说，平台经济是以互联网平台为主要载体，以数据为关键生产要素，以新一代信息技术为核心驱动力，以网络信息基础设施为重要支撑的新型经济形态。平台经济代表着数字经济时代背景下新的经济模式，既是对传统经济组织的升级，又是对传统经济形态的革新。

平台经济具有以下几个显著特征：

1. 双边市场特性

平台企业一边面对消费者，一边面对商家，平台上的众多参与者分工明确。平台运营商负责聚集社会资源和合作伙伴，通过聚集交易，扩大用户规模，使参与各方受益，达到平台价值、客户价值和服务价值最大化。然而，平台企业也可能利用在双边市场中的优势地位，产生垄断定价、捆绑销售等行为。

2. 规模经济性

一旦某个平台企业率先进入某个领域，或者由于技术、营销优势占据这一领域较大的市场份额时，由于交叉网络外部效应和锚定效应的存在，这家企业就会越做越大，强者愈强的局面逐渐形成。例如，腾讯通过其QQ和微信平台，积累了庞大的用户基础，进而在社交、游戏、广告等多个领域形成了强大的规模经济效应。

3. 类公共属性

平台经济多涉及事关人们衣食住行的民生领域，具有公共服务提供者的属性特征。平台还具有非排他性和非竞争性的特征，呈现出一定的公共基础设施属性。因此，平台企业虽然大多由民营资本建设运营，但具有较为显著的公共属性。例如，美团外卖平台不仅提供了便捷的订餐服务，还在突发公共事件时发挥了重要的民生保障作用。

4. 数据要素的重要性

平台经济根植于互联网，是在新一代信息技术高速发展的基础上，以数据作为生产要素或有价值的资产进行资源配置的一种新的经济模式。平台企业之间的竞争越来越多表现为数据资源与算力算法的竞争。

通过收集、分析和利用数据,平台企业能够更精准地匹配供需双方,提高交易效率,降低交易成本。

二、平台经济的商业模式与盈利方式

平台经济的商业模式多种多样,每种模式都有其独特的盈利方式。以下是几种主要的商业模式及其盈利方式:

1. 电商平台

电商平台是平台经济中较典型的代表之一。电商平台通过连接买家和卖家,提供交易场所和相关服务来实现价值创造。电商平台的盈利方式主要包括:

交易手续费:平台会向卖家收取一定比例的交易手续费,作为提供交易场所和服务的费用。

广告推广费:平台通过向卖家提供广告位和推广服务,收取广告费用。

会员服务费:平台推出会员服务,提供额外的优惠和特权,向会员收取一定的费用。

表 2-1 电商平台的盈利方式

电商平台	交易手续费比例	广告推广费(万元/年)	会员服务费(元/年)
天猫	3%~5%	5~50	88~888
京东	6%~8%	10~100	99~1999

2. 社交媒体平台

社交媒体平台依靠用户生成内容和社交互动来吸引流量。它们通过广告投放、品牌合作以及推出付费会员服务等方式实现商业化变现。

这类平台的价值在于用户的活跃度和参与度,用户数量和使用时长是其关键指标。例如,微信和微博等平台,通过用户的社交互动和内容分享,吸引了大量的流量,进而通过广告投放和品牌合作实现了盈利。

社交媒体平台的盈利方式主要包括:

广告收入:平台通过向广告主提供广告投放服务,收取广告费用。

品牌合作收入:平台与品牌进行深度合作,推出联名产品、品牌活动等,获取合作费用。

会员服务费:平台推出付费会员服务,提供额外的功能和特权,向会员收取一定的费用。

表 2-2 社交媒体平台的盈利方式

社交媒体平台	广告收入(亿元/年)	品牌合作收入(亿元/年)	会员服务费(元/年)
微信	数百亿	数十亿	0(部分功能付费)
微博	数十亿	数亿	118~168

3. 共享经济平台

共享经济平台是近年来兴起的一种新型平台经济模式。它们通过整合闲置资源,以租赁的方式提供给用户使用,并从中获取收益。

4. O2O 平台

O2O 平台是指商家通过互联网平台,向消费者提供线下服务的商业模式。例如,美团、饿了么等平台,通过提供优惠团购、点餐、订票等服务,让用户通过线上下单,到线下去享受服务。

O2O 平台的盈利方式主要包括:

佣金收入:平台通过向商家收取一定比例的佣金,作为提供交易场所和服务的费用。

广告收入：平台通过向商家提供广告投放服务，收取广告费用。

会员服务费：平台推出付费会员服务，提供额外的优惠和特权，向会员收取一定的费用。

表 2-3 O2O 平台的盈利方式

O2O 平台	佣金收入比例	广告收入（亿元/年）	会员服务费（元/年）
美团	10%~20%	数十亿	0（部分功能付费）
饿了么	15%~25%	数亿	0（部分功能付费）

5. 金融科技平台

金融科技平台通过提供支付、融资、理财等金融服务，实现了金融与科技的深度融合。它们通常会收取一定的手续费、利息差等作为盈利来源。例如，支付宝和微信支付通过便捷的移动支付服务，改变了人们的支付方式，推动了金融市场的繁荣。

表 2-4 金融科技平台的盈利状况

金融科技平台	用户数（亿）	年交易额（万亿）
支付宝	10	230
微信支付	12	250

6. 跨境电商平台

跨境电商平台通过连接国内外市场，推动了国际贸易的发展。例如，阿里巴巴的速卖通和亚马逊的全球销售平台，使中小企业能够轻松进入国际市场。

表 2-5 跨境电商平台的盈利状况

跨境电商平台	覆盖国家和地区数	年销售额（亿美元）
速卖通	220	300
亚马逊全球	190	480

三、平台经济的市场影响力分析

平台经济对市场产生了深远的影响，不仅改变了传统的商业模式和消费习惯，还推动了经济的创新和增长。

1. 提高资源配置效率

平台经济通过大数据和算法，能够更精准地匹配供需双方，减少信息不对称，降低交易成本。例如，电商平台通过大数据算法为用户推荐个性化的商品，提高了交易的匹配度和效率。

2. 促进创新和竞争

平台经济为众多中小企业和创业者提供了低门槛的发展机会，推动了新产品、新服务和新商业模式的涌现。例如，拼多多通过社交电商模式，实现了快速崛起，成为电商市场的一匹"黑马"；微信小程序等轻量级应用平台，使得创业者能够更便捷地开发和推广自己的产品，从而促进了市场的创新和竞争。

3. 推动就业和经济增长

平台经济创造了大量的就业机会，推动了经济的增长。例如，美团外卖平台不仅提供了便捷的订餐服务，还带动了外卖小哥等新型就业岗位的产生。

4. 带来挑战与风险

随着平台企业规模的扩大和影响力的增强，一些潜在的风险和挑战也逐渐浮出水面。例如，一些大型平台凭借其强大的网络效应和数据优势，形成市场支配地位，限制竞争。此外，数据安全和隐私保护问题也日益突出。平台收集了大量用户数据，若管理不善，可能导致数据泄露和滥用。因此，如何在保障市场公平竞争和消费者权益的同时，推动平台经济的持续健康发展，成为当前亟待解决的问题。

作为数字经济时代背景下新经济模式，平台经济正以其独特的运作机制和显著特点，深刻地改变着传统的商业模式和产业格局。通过构建共赢生态，平台经济不仅为消费者提供了便捷的服务，还为商家和服务提供商提供了广阔的发展空间。然而，平台经济的发展也面临着诸多挑战和风险。因此，我们需要在保障市场公平竞争和消费者权益的同时，加强监管和规范，引导平台经济健康、可持续发展，才能让其更好地服务于社会。

第二节　多边平台的运营策略

在数字化时代，多边平台已成为连接用户、内容、服务乃至整个生态系统的桥梁。从打车软件到电商平台，从社交媒体到在线教育，多边平台无处不在，深刻地改变着我们的生活和工作方式。接下来，我们就从用户增长与留存、内容与服务的质量控制、商业模式创新三个方面，探讨多边平台的运营之道。

一、多边平台的用户增长与留存：从"拉新"到"留心"

用户是多边平台最宝贵的资源。没有用户，平台就像一座孤岛，无人问津。因此，用户增长与留存，是多边平台运营的首要任务。

1. 拉新：多渠道引流，打造爆点

拉新，就是吸引新用户。在这个信息爆炸的时代，如何让用户注意到你的平台，是个大问题。国内的多边平台，如抖音、拼多多，都深谙此道。

抖音：通过短视频的传播，以及明星、网红的入驻，迅速吸引了大量年轻用户。抖音还通过算法推荐，让每个用户都能看到自己感兴趣的内容，从而提高了用户黏性。截至2023年年底，抖音的月活跃用户数已超过7亿。

拼多多：通过社交裂变的方式，利用微信等社交平台，通过拼团、砍价等活动，迅速扩大了用户基础。这种模式不仅降低了用户的购物成本，还通过社交关系链的传播，迅速扩大了用户基础。拼多多财报显示，2023年第四季度，拼多多年活跃买家数达到8.87亿，同比增长9%。

2. 留存：精细化运营，提升体验

拉来了新用户，如何留住他们，就成了平台运营的另一大挑战。留存的关键在于提升用户体验，让用户愿意长时间停留在你的平台上。

deepskeek：是一家专注实现AGI（通用人工智能）的中国公司，成立于2023年，核心团队来自清华、北大等高校，以及全球顶尖科技企业。研发大语言模型（如DeepSeek-R1系列），支持长上下文理解、实时信息检索、文件解析等功能。推出多模态模型，支持图像、音频、视频等多类型数据处理。目前全球用户呈几何爆发式增长。

小红书：通过社区氛围的营造，让用户感受到归属感和认同感。小红书上的内容，大多来自用户自发分享，真实、接地气，吸引了大量忠实用户。

知乎：通过高质量的问答内容，吸引了大量求知若渴的用户。同时，知乎还通过"话题讨论"等功能，增强用户之间的互动，提高用户的归属感。据知乎官方数据，截至2023年年底，知乎的月活跃用户数已超过1亿，日均互动量超过3亿。

为了更直观地了解用户留存情况，平台通常会使用"留存率"这一指标。"留存率"越高，说明平台对用户越有吸引力，用户黏性越强。据滴滴官方数据，滴滴会员体系的用户留存率较非会员用户高出20%。

3. 用户画像：精准定位，个性化服务

在拉新和留存的过程中，用户画像起到了至关重要的作用。通过大数据分析，平台可以精准地描绘出用户的兴趣、偏好、行为模式等特征，从而为用户提供个性化的服务。

淘宝：通过用户画像，为每个用户推荐他们可能感兴趣的商品，大大提高了转化率。

爱奇艺：通过用户画像，为用户推荐他们可能喜欢的电影、电视剧，让用户流连忘返。

二、平台内容与服务的质量控制：从"有"到"优"

随着平台的不断发展，内容和服务的质量成为衡量平台价值的重要标尺。如何在海量信息中筛选出有价值的内容，提供高质量的服务，成为多边平台必须面对的课题。

1. 内容审核与过滤：严格把关，净化环境

内容审核，是平台质量控制的第一道防线。平台需要建立一套完善的内容审核机制，确保发布的内容符合法律法规和社会公德。

今日头条：通过机器审核与人工审核相结合的方式，对平台上的内容进行严格把关，确保内容的合法性和合规性。据今日头条官方数据，其内容审核系统的准确率已超过90%。

抖音：通过内容分级机制，对不同年龄段和兴趣偏好的用户进行精准推荐，确保用户看到的内容既符合其需求，又不会对其造成不良影响。据抖音官方数据，其内容分级系统的用户满意度已超过95%。

2. 服务创新与优化：持续改进，提升体验

服务优化，是平台质量控制的另一大重点。平台需要不断优化服务流程、提升服务质量，让用户在使用过程中感受到便捷和舒适。

美团：美团外卖通过定期的服务培训，提高配送员的服务意识和技能水平，从而确保用户能够享受到高效、准确的配送服务。同时，美团还通过绩效考核机制，对配送员的服务质量进行监督和评估，确保服务质量的持续提升。

滴滴出行：通过推出"拼车""顺风车"等创新服务模式，不仅提高了车辆的利用率，还为用户提供了更加便捷、经济的出行选择。同时，滴滴还通过个性化服务，如"专属司机""定制路线"等，满足用户的多样化需求。

3. 用户举报与反馈：倾听声音，持续改进

用户举报是确保平台内容质量的第三道防线。平台需要建立有效

的用户举报与反馈机制，及时收集、分析用户的意见和建议，从而不断改进产品和服务。

微博：通过用户举报机制，鼓励用户对平台上的不良内容进行举报，并及时进行处理和反馈。这种用户参与的方式，不仅提高了平台的内容质量，还增强了用户的参与感和归属感。据微博官方数据，其用户举报系统的处理效率已超过90%。

三、多边平台的商业模式创新：从"单一"到"多元"

商业模式创新，是多边平台持续发展的关键。一个创新的商业模式，不仅能为平台带来持续的盈利，还能为平台创造更多的价值。

1. 广告变现：流量为王，精准投放

广告变现，是多边平台最常见的商业模式之一。平台通过向广告主提供广告位或广告服务，将流量变现。例如，今日头条通过算法推荐技术，为广告主提供精准的广告投放服务。广告主可以根据自己的需求，选择目标用户群体、投放时间等条件，实现广告效果的最大化。

2. 佣金抽成：交易中介，共赢共享

佣金抽成，是多边平台在交易过程中获取收益的一种方式。平台通过为买卖双方提供交易撮合、支付结算等服务，从中抽取一定比例的佣金。例如，淘宝通过为卖家提供店铺运营、营销推广等服务，以及为买家提供商品搜索、购买结算等服务，从中抽取佣金。

3. 会员服务：增值服务，提升价值

会员服务，是多边平台提供的一种增值服务。平台通过为会员提供专属的优惠、特权和服务，提升会员的价值感和归属感。例如，腾讯视频通过提供会员专属的剧集、电影、综艺等内容，以及免广告、高清画质等特权,吸引了大量的会员用户。

4. 数据变现:挖掘价值,创造未来

数据变现,是多边平台的一种新兴商业模式。平台通过收集、分析用户数据,挖掘数据的价值,为广告主、商家等提供数据服务。例如,阿里巴巴通过其庞大的电商数据,为商家提供了精准的市场分析、用户画像等服务,帮助商家更好地了解市场、优化运营。

通过表 2-6 中的案例和数据分析,我们可以看到,多边平台在运营策略上的不断创新,不仅推动了平台的快速发展,也为用户带来了更加丰富、便捷、个性化的服务体验。

表 2-6 多边平台的商业模式

策略维度	典型案例	关键点	成效
用户增长	微信、拼多多	邀请奖励、社交互动、个性化推荐	用户数快速增长,用户粘性增强
用户留存	淘宝、京东	内容审核、服务标准化、用户反馈循环	用户体验提升,复购率提高
质量控制	抖音、美团	AI 审核、标准化流程、闭环管理	社区环境优化,服务质量提升
商业模式创新	阿里巴巴新零售	跨界融合、生态圈构建	零售效率提升,商业生态多样化
共享经济	滴滴出行	闲置资源高效配置	解决交通问题,创造经济价值
订阅制与会员	爱奇艺、腾讯视频	会员服务、增值服务	用户黏性增强,内容付费收入增加

可见,多边平台的运营策略,用户增长与留存是基石,内容与服

务的质量控制是保障，商业模式创新是动力。只有综合运用这些策略，才能在激烈的市场竞争中脱颖而出，构建起共赢的生态。

第三节　平台经济的监管与合规

一、平台经济的监管挑战

平台经济以其独特的优势，如资源的高效配置、用户体验的极致优化等，带来了前所未有的创新活力，迅速赢得了市场的青睐。然而，这些优势的背后也隐藏着不少监管难题。

1. 跨界融合带来的监管空白

平台经济的一大特点是跨界融合。以电商为例，它融合了传统零售业、物流业、金融业等多个行业。这种跨界融合使得传统按行业划分的监管模式难以适应。例如，共享单车平台的出现，既涉及交通出行，又涉及城市管理、金融支付等多个方面，监管难度较大。2018年，滴滴因安全问题引发社会广泛关注，监管部门随后出台了一系列措施，加强了对网约车行业的监管。

2. 数据安全与隐私保护

平台经济高度依赖数据，数据的收集、处理、使用和保护成为监管的重点。平台在收集、存储、使用用户数据时，必须严格遵守相关法律法规，确保用户数据的安全和隐私。然而，在实际操作中，一些平台为了追求利益最大化，往往忽视了数据安全和隐私保护的重要性，导致用户数据泄露等事件频发。

2018年，Facebook被曝出5000万用户数据泄露事件，引发了全球范围内的关注和担忧。这起事件不仅损害了用户的隐私权益，也对Facebook的声誉造成了严重影响。最终，Facebook被美国联邦贸易委员会罚款50亿美元，并接受更严格的隐私监管。在国内，类似的数据泄露事件也时有发生，如某电商平台因系统漏洞导致用户信息泄露等。

3. 市场竞争与垄断问题

平台经济具有强大的网络效应和规模效应，容易导致市场竞争失衡和垄断问题。一些大型平台通过资本、技术、数据等优势，形成市场壁垒，排挤竞争对手，损害消费者利益。如何防止平台滥用市场支配地位，维护公平竞争的市场环境，成为监管的重要任务。

2021年，阿里巴巴因"二选一"等垄断行为被市场监管总局罚款182.28亿元。这起案件不仅彰显了监管部门对平台经济反垄断的决心，也提醒了所有平台企业，必须遵守法律法规，维护公平竞争的市场环境。

4. 消费者权益保护

平台经济中，消费者往往处于弱势地位，信息不对称、退换货难、售后服务差等问题时有发生。如某平台上曾经假货泛滥、直播带货中夸大宣传等问题，严重损害了消费者权益。如何建立健全消费者权益保护机制，确保消费者能够安全、放心地享受平台服务，是监管不可忽视的一环。

二、合规性要求与风险管理

面对监管挑战，平台企业须主动适应监管要求，加强合规性建设，有效管理风险。

1. 建立健全合规体系

平台企业应建立覆盖全业务流程的合规管理体系，包括但不限于数据保护、反垄断、消费者权益保护、知识产权保护等方面。通过设立合规部门、制订合规政策、开展合规培训等措施，确保企业行为符合法律法规要求。

2. 强化数据安全管理

数据是平台经济的核心资产，也是监管的重点。平台企业应建立健全数据安全管理机制，加强数据加密、访问控制、备份恢复等技术措施，同时加强员工数据安全意识培训，防止数据泄露和滥用。

3. 积极应对反垄断审查

平台企业应树立正确的市场竞争观念，避免采取排他性协议、低价倾销等不正当竞争手段。在面临反垄断审查时，应积极配合，主动说明情况，提供必要资料，争取公正处理。

4. 提升消费者服务质量

平台企业应建立健全消费者投诉处理机制，及时响应消费者诉求，妥善处理消费纠纷。同时，通过优化产品设计、提升服务质量、加强售后服务等措施，提升消费者满意度和忠诚度。

5. 加强国际合作与交流

平台经济具有跨国界的特点，加强国际合作与交流对于推动合规性建设具有重要意义。平台企业应积极参与国际规则制订和监管合作，借鉴国际先进经验，提高合规水平。

三、平台经济的法律环境

平台经济的法律环境是监管与合规的基础。近年来，我国不断健全平台经济相关法律法规体系,为平台经济的健康发展提供了有力保障。

1. 法律法规不断完善

为了加强对平台经济的监管和合规性建设,我国相继出台了一系列法律法规和政策文件,如《中华人民共和国电子商务法》《中华人民共和国网络安全法》《中华人民共和国数据安全法》《中华人民共和国个人信息保护法》《中华人民共和国反垄断法》等,为平台经济的合规发展提供了法律依据。

表2-7 与国内平台经济相关的部分法律

法律法规名称	施行时间	主要内容
《中华人民共和国网络安全法》	2017年6月1日	保障网络安全,维护网络空间主权和国家安全、社会公共利益
《中华人民共和国电子商务法》	2019年1月1日	保护电子商务各方主体的合法权益,规范电子商务行为,维护市场秩序,促进电子商务持续健康发展
《中华人民共和国数据安全法》	2021年9月1日	规范数据处理活动,保障数据安全,促进数据开发利用,保护个人、组织的合法权益,维护国家主权、安全和发展利益
《中华人民共和国个人信息保护法》	2021年11月1日	保护个人信息权益,规范个人信息处理活动,促进个人信息合理利用
《中华人民共和国反垄断法》	2022年8月1日起修订实施	预防和制止垄断行为,保护市场公平竞争,鼓励创新,提高经济运行效率,维护消费者利益和社会公共利益,促进社会主义市场经济健康发展

在国外,欧盟《通用数据保护条例》(GDPR)是全球较严格的数

据保护法规之一，要求企业在收集、处理用户数据时，必须获得用户明确同意，并加强数据保护措施。

2. 监管体系逐步健全

在法律法规的基础上，我国逐步建立了完善的平台经济监管体系。通过市场监管、网络安全、数据安全等多个部门的协同合作，形成了对平台经济的全方位监管格局。

市场监管总局作为平台经济的主要监管部门之一，近年来加大了对平台经济领域反垄断和反不正当竞争行为的查处力度，出台了一系列政策措施，如《关于平台经济领域的反垄断指南》等，为维护公平竞争的市场环境提供了法律保障。通过反垄断调查、行政处罚等手段，严厉打击了平台企业的违法违规行为。同时，积极推动行业自律和合规发展，为平台经济的健康发展提供了有力保障。

3. 司法实践不断创新

随着平台经济的不断发展，司法实践也在不断创新和完善。通过典型案例的判决和司法解释的制定，为平台经济的合规发展提供了更加明确的法律指引。

杭州互联网法院作为我国首家互联网法院，在平台经济的司法实践中发挥了重要作用。通过在线审判、智能合约等方式，提高了审判效率和公正性。同时，杭州互联网法院还积极探索互联网司法的新模式和新机制，为平台经济的合规发展提供了有力支持。

平台经济的监管与合规是一个复杂而重要的课题。面对监管挑战和合规要求，平台企业必须加强合规性建设，完善风险管理体系，确保业务合规、稳健发展。同时，政府也应不断完善法律法规和政策措施，为平台经济的健康发展提供有力保障,只有这样,才能构建共赢生态,实现平台经济与社会发展的良性互动。

第四节 平台经济的社会责任与可持续发展

平台经济在享受技术红利的同时,也肩负着重要的社会责任,并在环境保护、社会公平和可持续发展方面发挥着不可替代的作用。

一、平台经济对环境保护的贡献

平台经济在推动经济增长的同时,也为环境保护带来了新的契机。通过技术创新和模式创新,平台企业能够更有效地利用资源,减少环境污染,推动绿色低碳发展。

1. 环保技术的应用与推广

生态环境科技是国家科技创新体系的重要组成部分,是推动解决生态环境问题的利器。近年来,生态环境部着力加强生态环境科技创新,建立了国家生态环境科技成果转化综合服务平台,以支持深入打好污染防治攻坚战,推动构建新时代服务型生态科技创新体系。

2. 数字化手段助力环保监管

平台经济通过大数据、云计算等技术手段,为环保监管提供了有力支持。传统的环保监管方式往往存在信息不对称、监管效率低等问题,而平台企业运用物联网技术,对污染源进行在线监测,实时采集和传输环境数据,为环保部门提供准确、及时的信息支持。同时,平台企业还可以利用大数据技术,对海量环境数据进行分析和挖掘,发现环境问题的潜在规律和趋势,为环保政策的制定和调整提供科学依据。

阿里巴巴的"蚂蚁森林"项目,该项目通过用户在线上的低碳行为(如步行、地铁出行、在线缴费等)积累"绿色能量",用于在现实中种植树木,有效提高了公众参与环保的积极性。截至2023年年底,"蚂蚁森林"已带动超过5亿用户参与,累计种植树木超过2亿棵,累计碳减排量超过1亿吨。

3. 绿色消费模式的推广

平台经济通过构建绿色消费平台,推广绿色消费模式,引导消费者选择环保产品和服务,推动绿色消费市场的形成和发展。绿色消费不仅有助于减少环境污染和资源浪费,还能促进绿色低碳产业的发展,形成良性循环。

例如,为迎接2024年"国际臭氧层保护日",推广绿色低碳生活方式,京东"青绿计划"联合多家品牌升级碳账户,面向消费者推出"减碳特权"。京东用户购买带有"减碳特权"标识的商品,即可获得相应减碳量,可用于兑换大额专属减碳优惠券与各类减碳福利商品。

4. 绿色生活方式的推广

平台经济的智能化应用使得绿色生活更加便捷。通过智能家居设备,人们可以随时随地掌握家中的用电情况,及时调节用电模式,实现节能减排。同时,共享经济的兴起也降低了私人车辆的使用频率,减少了碳排放。

例如,滴滴出行通过其平台提供的共享出行服务,有效减少了城市交通拥堵和碳排放。据统计,滴滴平台上的每一次共享出行,平均可以减少 25% 的碳排放量。此外，共享单车、共享汽车等交通工具的普及，也进一步推动了绿色出行方式的普及。

二、平台经济在促进社会公平中的角色

平台经济不仅推动了经济的快速增长，还在促进社会公平方面发挥了重要作用。通过提供平等的创业和就业机会、优化资源配置、促进知识共享等方式，促进就业增长，缩小城乡差距，为社会的和谐稳定和实现共同富裕作出贡献。

1. 提供平等的创业和就业机会

平台经济降低了创业门槛，为更多人提供了创业机会。在平台上，个人和小微企业可以通过开设网店、提供服务等方式，实现自主创业和灵活就业。这种创业和就业模式不仅有助于缓解就业压力，还能激发市场活力和创新动力。

例如，淘宝、京东等电商平台为大量个人和小微企业提供了开店机会，帮助他们实现创业梦想；数百万美团外卖平台上的注册骑手，通过提供外卖配送服务获得了稳定的收入来源。此外，平台经济还推动了新兴职业的发展，如"网红"主播、直播带货等，为年轻人提供了更多的就业选择。

2. 优化资源配置

平台经济通过大数据和人工智能技术，实现了资源的优化配置和高效利用。在平台上，供需双方可以实时对接，减少信息不对称和资源浪费。这种资源配置方式不仅提高了市场效率，还能促进资源的公平分配。

例如，一些在线教育平台通过大数据分析，为学生提供个性化的

学习资源和辅导服务，帮助他们更好地掌握知识、提升能力。同时，这些平台还为优秀教师提供了展示才华和获取收益的机会，促进了教育资源的公平分配。

3. 促进知识共享

平台经济通过知识共享平台，推动了知识的传播和共享。在平台上，人们可以分享自己的知识、经验和技能，帮助他人解决问题和创造价值。这种知识共享方式不仅有助于提升个人素质和社会文明程度，还能促进创新和发展。

例如，知乎、豆瓣等社区平台为人们提供了交流和分享知识的场所。在这些平台上，用户可以提出问题、分享经验、交流看法，形成了一种开放、包容、互动的知识共享氛围。

4. 缩小城乡差距

农村电商是平台经济助力乡村振兴的重要抓手。国内电商平台如拼多多、淘宝等，通过农产品上行通道，帮助农民将农产品销往全国乃至全球，提高了农民收入。

以拼多多为例，其"新品牌计划"已累计带动超过 1 000 家制造企业转型升级，其中不少是农产品加工企业。同时，拼多多还通过"多多农园"等项目，推动农业产业链上下游的整合，帮助农民实现可持续增收。

三、平台经济可持续发展的路径与策略

平台经济要实现可持续发展，需要注重技术创新、模式创新、治理创新等方面的发展路径和策略。

1. 加强技术创新

技术创新是平台经济可持续发展的核心驱动力。平台企业需要不断投入研发，推动新技术、新产品的研发和应用，提升平台的竞争力和创新能力。

例如，百度、阿里巴巴、腾讯等互联网平台企业纷纷加大研发投入，推动人工智能、大数据、云计算等前沿技术的研发和应用。这些技术的应用不仅提升了平台的服务质量和效率，还为平台企业带来了新的增长点和商业模式。

2. 推动模式创新

模式创新是平台经济可持续发展的重要途径。平台企业需要不断探索新的商业模式和运营方式，以适应市场变化和用户需求的变化。

例如，拼多多通过社交电商模式，实现了用户裂变和快速增长；抖音通过短视频+直播的电商模式，为用户提供了全新的购物体验。这些模式创新不仅为平台企业带来了更多的用户和收入，还推动了电商行业的变革和发展。

3. 强化治理创新

治理创新是平台经济可持续发展的关键保障。平台企业需要建立科学、规范、高效的治理体系，加强自律和监管，保障平台的健康有序发展。一是加强行业制度规范建设；二是推动多方主体参与治理；三是加强平台自身的治理体系建设。

4. 倡导绿色发展理念

绿色发展理念是平台经济可持续发展的内在要求。平台企业需要积极履行社会责任，推动绿色低碳发展，实现经济效益和社会效益的双赢。

5. 优化产业结构与促进融合发展

平台企业应加强与产业链上下游企业的合作，推动产业链协同发展。通过优化供应链、提高物流效率、降低运营成本等方式，提升整个产业链的竞争力。同时，通过跨产业合作和资源共享，实现优势互补和协同效应。

以京东为例，该公司通过"无界零售"战略，推动了线上线下零售的融合发展。通过整合线上线下资源，实现商品、服务、数据的无缝连接和共享，提高了零售行业的效率和用户体验。此外，京东还与多家金融机构合作，推出了"白条"等金融产品，为用户提供更加便捷的金融服务。

平台经济作为数字时代的重要力量，在推动经济发展、促进社会公平、保护生态环境等方面发挥着重要作用。未来，平台企业应继续加强技术创新与模式创新，强化合规经营与社会责任，推动产业链上下游协同发展，以实现平台经济的可持续发展。同时，政府和社会各界也应加强对平台经济的监管和支持，共同推动平台经济在可持续发展的道路上迈出坚实步伐。

第三章
共享经济：激发市场活力

共享经济正深刻地改变着我们的生活方式和商业模式。从闲置的单车到空置的房间,再到未充分利用的办公空间,共享经济让资源流动起来,让价值得到最大化利用,让市场焕发出前所未有的生机与活力。它像一把钥匙,打开了通往未来世界的大门,让我们看到了更加美好的可能。

共享经济以其高效、便捷、环保的特点,让人们在享受服务的同时,也能成为服务的提供者,实现了资源的最大化利用和价值的共创共享。在这场经济变革中,无数创新企业如雨后春笋般涌现,它们以共享经济为翅膀,翱翔于市场的蓝天,不断激发着市场的无限活力。

如今,共享经济已经成为推动经济发展的新引擎,引领着时代的潮流。我们有理由相信,在未来的日子里,共享经济将让我们的生活更加美好,让市场更加繁荣。

第一节 共享经济的兴起

一、共享经济的定义与类型

共享经济,简单来说,就是拥有资源的机构或个人有偿让渡资源使用权给他人,让渡者获取回报,分享者利用分享自己的资源创造价值。

共享经济基于互联网、物联网、大数据、云计算、人工智能等技术支撑,具有广泛的数据应用,通过共享实现海量的、分散的资源的优化配置。其核心在于以市场化方式高效提供社会服务,满足多样化的社会需求，具有准公共产品的特征。

从本质上看，共享经济是以闲置资源使用权的暂时性转移为核心，倡导"租"而不是"买"。换句话说，它将个体所拥有的作为一种沉没成本的闲置资源进行社会化利用。更通俗的说法是，它将闲置的物品或服务通过共享平台暂时性地提供给需求者使用，需求者通过支付较低的成本获得使用权，使用完毕后再移交给所有人。

共享经济的类型丰富多样，从出行、住宿到办公空间、知识技能，几乎涵盖了生活的方方面面。例如，出行领域的共享单车、网约车；住宿领域的 Airbnb（爱彼迎）、小猪短租；办公空间领域的 WeWork（共享办公空间）；知识技能领域的知乎、分答等。每一种共享经济类型，都以其独特的方式，为人们的生活带来了便利和惊喜。

1. 交通出行

以共享单车、共享汽车、网约车为代表，这些模式利用互联网技术和移动应用实现车辆的租赁、调度和管理，用户可以根据需求随时租用并归还交通工具。这些服务为人们提供了便捷、低碳的出行方式，有效缓解了城市交通拥堵和环境污染问题。共享单车如美团单车、哈啰单车和滴滴青桔等，已经成为市场上主流的品牌。

2. 生活服务

包括共享家政、共享厨房、共享住宿、共享办公等。这些模式提供了更加便捷的生活服务，为创业者和小微企业提供了灵活的运营方式。在共享住宿领域，途家民宿、小猪民宿、木鸟和美团民宿等平台拥有大量的房源。

3. 知识技能共享

在线教育平台、知识分享网站等。这种形式的共享经济使得专业技能和知识能够通过互联网平台实现共享，让知识和技能的传播更加高效，也为教育资源提供者提供了更多的展示和收益机会，如威客中国等知识分享网站。

4. 物品租赁

如共享充电宝、共享雨伞、共享按摩椅等。这些服务满足了用户的临时需求，在解决人们日常生活中的小麻烦上发挥了巨大作用，并通过租赁方式实现了资源的优化配置。《2019 中国共享雨伞行业研究报告》显示，共享雨伞的订单收入市场规模约为 215 亿元，广告收入市场规模约为 101 亿元，总市场规模约为 316 亿元。

二、共享经济的商业模式与盈利方式

共享经济的商业模式，简单来说就是"平台+用户"的模式。平台通过技术手段，将供给方和需求方连接起来，从而实现资源的共享和价值的最大化。在这个过程中，平台不仅提供了技术和服务，还通过一系列的规则和机制，确保了交易的安全和公平。

那么，共享经济平台是如何盈利的呢？主要有以下几种方式：

1. 佣金收入

这是最常见的盈利方式。平台在促成交易后，会向供给方或需求方收取一定比例的佣金。这种商业模式不仅保证了平台的正常运营，还可以根据平台的规模和交易量灵活调整佣金的比例，实现盈利最大化。例如，网约车平台会向司机收取一定比例的车费作为佣金。

2. 会员费和订阅服务

一些平台会推出会员制度，吸引用户进行长期的绑定。用户可以通过缴纳会员费，享受更多的优惠和服务。会员制度可以提供一些独家权益，如折扣、优先购买资格、积分兑换等，用户可以支付一定的会费来享受这些特权。例如，共享单车平台会推出月卡、年卡等会员服务，用户购买后可以享受无限次骑行。订阅服务则可以提供一些定期或个性化的服务，如定期配送、定制推荐等，用户需要支付一定的订阅费用。

3. 广告收入

在发展过程中，平台会积累大量的用户数据和流量，这些数据和流量可以转化为广告资源，为平台带来广告收入。例如，一些共享住宿平台会在用户浏览房源时，展示相关的旅游广告。

4. 增值服务

平台还可以提供一些增值服务，如增加广告曝光量、提供更好的推广效果、增加交易的安全性等。用户可以根据自身需求选择相应的增值服务，并支付一定的费用。通过这种方式，平台可以获得额外的收益。

5. 数据分析与咨询服务

共享平台可以通过分析用户行为数据和交易数据，针对性地为商家提供数据分析和运营咨询服务。通过深入了解用户的需求和行为规律，平台可以帮助商家优化产品和服务，提供更好的用户体验，从而获得咨询费用或运营服务费用。

6. 生态系统合作

共享平台可以与其他企业或机构合作，建立起一个完整的生态系统。例如，共享出行平台可以与汽车厂商、保险公司、加油站等合作，为用户提供更全面的出行服务，从而获取合作伙伴给予的费用或分成。通过拓展生态系统，共享平台能够实现多方共赢，并获取更丰富的盈利来源。

以共享单车为例，共享单车的主要盈利方式包括押金、租金、广告收入和增值服务。押金和租金是主要的收入来源，而广告收入和增值服务则是补充。共享单车企业需要大量的资本投入用于车辆的采购、维护和运营，但随着市场的逐渐成熟和竞争的加剧，如何实现盈利成为共享单车企业需要面对的重要问题。因此，除了租金收入，共享单车企业还需要通过广告、增值服务等方式提高盈利能力。

三、共享经济的市场潜力与机会

1. 市场规模持续增长

据国家信息中心发布的《中国共享经济发展年度报告2023》，2022年中国共享经济市场规模达到38 320亿元，同比增长3.9%。前瞻产业研究院预计，到2029年中国共享经济交易规模有望接近72 000亿元，年均复合增长率为10%。

2. 生活服务占据主导

从市场结构上看，生活服务、生产能力、知识技能三个领域占据中国共享经济市场规模的前三。其中，生活服务占据最大比例，2022年市场规模达到18 548亿元，占比为48%。

3. 政策支持与监管完善

国家政策对共享经济给予了大力支持，共享经济成为各地发展的重要抓手。同时，随着共享经济的不断发展，监管规则和制度规范也在持续完善，市场秩序不断规范。

例如，在共享单车领域，随着市场的逐渐成熟，共享单车企业开始通过精细化运营提升服务质量。哈啰单车和美团单车通过升级车体硬件、优化车辆调度和运营管理等方式，提升用户体验。同时，政府也加强了对共享单车行业的监管，规范市场秩序，推动行业健康发展。

4. 细分领域机会多

虽然共享单车、共享住宿等共享经济领域已经发展得相对成熟，但仍有许多细分领域存在巨大的市场机会。

以共享医疗为例，随着互联网技术的不断发展，医疗资源的共享和优化成为可能。共享医疗平台可以为医疗资源提供者提供更多的展示和收益机会，为医疗资源需求者提供更多的选择和便利。同时，随着人们健康意识的提高，对医疗服务的需求也在不断增加，这为共享医疗平台提供了巨大的市场机会。

当然，共享经济也面临着一些挑战和问题。例如，如何确保平台的安全和稳定？如何保障用户的权益和利益？如何避免资源的浪费和过度开发？这些问题都需要我们深入思考和解决。但是，无论如何，共享经济已经成为不可逆转的趋势和潮流。它正在改变着我们的生活方式和经济模式，为我们带来了更多的机遇和可能。

第二节 共享经济的挑战与应对

共享经济打破了资源的界限,让闲置的资产重新焕发光彩,激发了市场的巨大活力。然而,正如一枚硬币的两面,共享经济在带来便捷与高效的同时,也面临着诸多挑战。接下来,让我们一同探讨共享经济在监管、公平竞争以及用户隐私与安全方面所面临的挑战,并看看如何应对这些难题。

一、共享经济的监管难题:一场猫鼠游戏

共享经济的一大特点就是"去中心化",它打破了传统经济中由单一中心控制资源的模式,使得资源在消费者和生产者之间自由流动。然而,这种自由流动也给监管机构带来了前所未有的挑战。

1. 监管滞后性

共享单车无疑是最具代表性的共享经济之一。短短几年内,共享单车如雨后春笋般涌现在街头,给城市出行带来了极大的便利。但随之而来的是车辆乱停乱放、占用公共空间、押金难退、单车损坏严重等问题层出不穷,甚至成为"城市垃圾",让城市管理者头疼不已。

为了应对这些问题,建议从以下几个方面多管齐下,进一步缓解乃至解决共享单车的监管难题。

首先，明确监管主体和责任。政府应明确共享经济的监管主体和责任，制定适应共享经济发展的法律法规，规范市场准入和退出机制。

其次，利用技术手段实现智能化监管。借助大数据、人工智能等技术手段，实现监管的智能化和精细化。例如，通过人脸识别、车辆定位等技术手段，实时监控共享电动车的使用情况，及时发现并处理违法车辆。

最后，鼓励多方参与监管。鼓励企业、行业协会、政府部门等多方参与监管，形成共治格局。通过设立举报奖励机制，鼓励公众对违法车辆进行举报，共同维护良好的交通出行环境。

2. 跨国监管难题

共享经济不仅在国内风生水起，还迅速跨越国界，成为全球性的经济现象。然而，不同国家的法律法规、文化习惯各不相同，如何确保跨国共享经济的合规性，成了一个亟待解决的问题。

以共享住宿的代表 Airbnb 为例。Airbnb 的短租行为在很多国家和地区都处于法律监管的灰色地带。一些地方政府担心短租会影响当地的房地产市场和社区安全，因此对 Airbnb 持谨慎态度。为了应对监管难题，Airbnb 加强了与地方政府的合作，推动短租合法化；同时加强了对房源的审核和管理，确保房源的安全和合规性。这些措施在一定程度上缓解了 Airbnb 与地方政府之间的紧张关系。

因此，对于跨国共享经济，应加强国际合作，共同制定国际标准和规范，确保全球市场的公平竞争和健康发展。

二、共享经济的公平竞争问题：一场没有硝烟的战争

共享经济在激发市场活力的同时，也带来了一定的不公平竞争问

题。一些共享经济企业通过恶意补贴、低价倾销等手段抢占市场份额，严重扰乱了市场秩序。

1. 市场挤压

以网约车为例，滴滴、Uber等网约车平台的出现，给出租车行业带来了巨大的冲击。一方面，网约车平台通过大数据、算法等技术手段，实现了更高效、更便捷的服务；另一方面，网约车平台的低门槛、低成本，使得大量私家车涌入市场，挤压了出租车行业的生存空间。

同时，滴滴、美团、高德等网约车平台为了争夺市场份额，曾经展开过激烈的"价格战"，他们通过烧钱补贴、低价倾销等手段吸引用户，导致网约车市场价格严重扭曲。这种不公平的竞争行为不仅损害了传统出租车行业的利益，也影响了网约车行业的可持续发展。

2. 联合排挤

在最高人民法院发布的反垄断典型案例中，"米线生产商"横向垄断协议案曾引起了广泛关注。云南易某润滇米线股份有限公司起诉云南润某食品有限公司等7家被诉垄断行为人达成并实施了固定商品价格、联合抵制交易的横向垄断协议，导致易某润滇米线股份有限公司经营困难，最终停止米线生产加工。

这一案件不仅直接关系到民生福祉，还体现了共享经济在发展过程中可能引发的公平竞争问题。一些企业为了保持市场地位，通过联合抵制交易、固定商品价格等手段，排挤竞争对手，损害消费者利益。

3. 数据垄断

共享经济平台在运营过程中，会积累大量的用户数据。这些数据不仅是平台运营的宝贵资源，也是未来市场竞争的重要筹码。然而，一些平台可能会利用数据垄断优势，排斥竞争对手，损害消费者利益。

三、共享经济的用户隐私与安全：一场隐形的较量

共享经济平台在连接供需双方的同时，也承担着保障用户隐私和安全的责任。然而，一些共享经济企业为了获取更多的用户信息和数据，不惜侵犯用户的隐私权。同时，一些共享经济平台也存在安全隐患，给用户的生命财产安全带来了威胁。

1. 隐私泄露

共享经济平台在提供服务的过程中，往往需要收集用户的个人信息和行踪轨迹。这些信息一旦泄露或被滥用，将给用户的隐私安全带来严重威胁。比如，一些不法分子可能会利用用户的个人信息进行诈骗或骚扰。

例如，一些共享单车企业为了获取更多的用户信息和数据，在用户注册和使用过程中收集了大量的个人信息。然而，这些个人信息并没有得到妥善的保护和管理，导致用户的隐私被泄露给第三方或用于其他用途。

2. 安全风险

共享经济平台上的服务提供者往往来自各行各业，素质参差不齐。一些不法分子可能会利用平台漏洞或监管空白，从事违法犯罪活动。

例如，HackerOne是国际知名的漏洞报告和共享平台，该平台与很多科技公司合作，托管赏金计划以改善产品的安全性。该平台的运作模式是白帽黑客们发现漏洞后通过平台提交，平台会联系产品开发商修改漏洞并对漏洞进行评级，最终开发商会拿出赏金，奖励提交漏洞的白帽黑客。然而，该平台却有"内鬼"利用其访问权限窃取漏洞

报告，然后找开发商索要赎金。

为保护共享经济中的用户隐私与安全，可以从如下方面采取应对策略：

首先，加强用户信息保护。政府应加强对共享经济平台用户信息保护的监管力度，制定相关法律法规和标准规范，要求平台采用加密技术、匿名化处理等手段，保护用户隐私和安全。

其次，提高平台安全标准。共享经济平台应提高安全标准，加强安全管理和技术防范。例如，通过实名认证、人脸识别、信用评估、实时监控等技术手段，以技术手段和人工审核相结合的方式，确保服务提供者的合法性和安全性；通过建立安全预警和应急响应机制，及时应对和处理安全事故。

最后，加强对用户的教育。政府和企业应加强对用户的教育，提高用户对个人隐私和安全的重视程度和防范能力。通过宣传、培训等方式，引导用户正确使用共享经济服务，避免隐私泄露和安全风险的发生，同时学会在遇到问题时及时寻求帮助和维权。

相关数据显示，随着共享经济监管政策的不断完善和市场竞争的加剧，共享经济行业的整体合规性和安全性得到了显著提高。以网约车为例，近年来网约车平台的安全事故率持续下降，用户满意度不断提高。这得益于政府、企业和社会三方面的共同努力和持续改进。

共享经济作为一种新兴的经济模式，正在改变着我们的生活方式和消费习惯。然而，面对监管难题、公平竞争问题、用户隐私与安全问题等挑战，我们需要从多个方面入手来应对和解决。只有这样，共享经济才能持续健康发展。

第三节 共享经济的创新实践

一、共享出行模式的创新

共享出行,无疑是共享经济中耀眼的明星之一。从共享单车,到共享汽车,再到网约车,每一次创新都让人眼前一亮。

1. 共享单车:绿色出行的新风尚

作为共享经济的代表性产物,共享单车以其便捷、环保的特点迅速风靡全国。以美团单车、哈啰单车为代表的共享单车企业,通过投放大量的智能锁单车,让用户通过手机 App 即可轻松解锁使用,极大地方便了短途出行。

以北京为例,共享单车在解决早晚高峰出行难问题上发挥了重要作用。数据显示,2023 年北京市共享单车骑行量达 10.88 亿人次,日均骑行量近 300 万人次,有效缓解了城市的交通压力。此外,共享单车还推动了绿色出行理念的普及,让更多人选择低碳环保的出行方式。

2. 共享汽车:随驾随走的自由

共享汽车是共享出行领域的又一力作。用户只需通过手机 App,就能轻松找到附近的共享汽车,完成自驾出行。共享汽车按小时计费,有多种车型可供选择,还可实现异地还车,让出行更加灵活。

以 GoFun 为例，其车辆无人值守，用车全程 App 操作，提供汽车的即取即用、分时租赁服务，消费者可按个人用车需求预订车辆。目前，GoFun 出行已完成了全国 80 多个城市的布局，涵盖北京、广州、成都等一、二线城市，以及西安、重庆、桂林、三亚等重要旅游地，为用户提供了便捷的自驾出行体验。

3. 网约车：出行市场的搅局者

网约车作为共享经济的另一大亮点，彻底颠覆了传统的出租车行业。以滴滴出行为代表的网约车平台，通过互联网技术实现了乘客与司机的精准匹配，极大地提高了出行效率。

滴滴出行的创新不仅在于模式，更在于技术。通过大数据分析，滴滴能够实时掌握城市交通状况，为乘客提供最优的出行方案。同时，滴滴还推出了拼车功能，进一步降低了出行成本，实现了资源的最大化利用。滴滴出行数据显示，网约车已经覆盖了全国 400 多个城市，2024 年第三季度日均订单量超过 3 460 万单，成为城市出行的重要组成部分。

另有资料显示，2023 年，中国共享出行服务市场规模达到 2 821 亿元，预计 2028 年将增长至 7 513 亿元。这些数据充分证明了共享出行市场的巨大潜力和广阔前景。

4. 自动驾驶技术在共享出行中的应用

自动驾驶技术的引入，为共享出行带来了革命性的变化。以百度 Apollo 为代表的自动驾驶企业，正在积极推动自动驾驶技术在共享出行领域的应用。其中，百度 Apollo 在北京、上海等地推出了自动驾驶出租车服务，用户可以通过手机 App 预约自动驾驶出租车，享受安全、便捷的出行体验。

自动驾驶技术的应用，不仅提高了共享出行的安全性和效率，还降低了运营成本，为共享出行市场的可持续发展提供了有力保障。

二、共享住宿模式的创新

共享住宿则是共享经济在住宿领域的又一创新实践。从 Airbnb 到小猪短租，共享住宿正以其独特的魅力，改变着人们的旅行方式。

1. Airbnb：全球民宿的引领者

Airbnb 作为全球性的共享住宿平台，以其丰富的房源和独特的住宿体验，吸引了无数旅行者。在 Airbnb 上，你可以找到各式各样的房源，从温馨的公寓到豪华的别墅，应有尽有。

Airbnb 的成功在于其强大的社区属性和个性化的服务。通过平台，房东和房客可以建立直接的联系，了解彼此的需求和期望。这种互动不仅提高了住宿的满意度，还促进了文化的交流和传播。

截至 2023 年，Airbnb 已经覆盖了全球 220 多个国家和地区，拥有超过 400 万间房源，累计接待了超过 10 亿人次的房客。

2. 小猪短租：国内民宿的佼佼者

作为中国本土的共享住宿平台，小猪短租凭借其对中国市场的深入了解和创新的产品设计，迅速赢得了用户的青睐。小猪短租不仅提供了丰富的房源选择，还推出了"房东保障计划"和"一键报警"等安全措施，让用户住得安心、放心。

在北京，小猪短租推出了"胡同小院"项目，将传统的北京胡同文化与现代住宿体验相结合，让旅行者能够深入体验北京的传统文化。

3. 共享民宿：社区文化的传承者

共享民宿，不仅仅是一种住宿方式，更是一种社区文化的传承。在哈尔滨金安美豪国际公寓，社区和派出所通过设立"综合前台"服务机制，43家民宿共享"综合前台"，通过民宿管理员24小时轮流在岗，为民宿住客提供综合服务，并现场即时化解居民与游客的摩擦，实现了民宿业与居民的共赢。

4. 智能化技术在共享住宿中的应用

智能化技术的引入，为共享住宿带来了更加便捷、高效的体验。例如，共享住宿平台可以利用 AI 技术，对用户的行为数据进行分析，为用户提供个性化的房源推荐和行程规划；用户可以通过 VR/AR 技术，在预订前对房源进行虚拟实景看房，了解房源的真实情况，提高预订的满意度；区块链技术的去中心化、不可篡改的特性，为共享住宿平台提供了数据安全和交易信任度的基础保障。

三、共享办公模式的创新

共享办公，又称为联合办公、柔性办公、短租办公，是一种提供灵活、便捷和经济的工作空间的服务模式。它主要面向小型企业和自由职业者，通过出租短期办公空间，让来自不同公司的个人在联合办公空间中共享办公环境，又独立完成各自项目，从而降低办公成本。

1. 国内共享办公行业的蓬勃发展

中国共享办公行业经历了从萌芽期到稳定发展期的快速发展过程。如今，共享办公已成为众多小型企业和自由职业者的首选办公方式。

萌芽期：2005——2014 年，共享办公的概念在中国逐渐普及，但市场规模较小，尚未形成行业气候。

发展期：2015——2016年，在共享经济大潮的推动下，中国的共享办公行业开始呈现爆发式增长。大量共享办公品牌涌现，如优客工场、WeWork中国等。

探索期：2017——2018年，随着金融政策的持续收紧，大量共享办公平台陷入经营困境，行业开始进入洗牌阶段。

稳定发展期：2019年至今，经过前期的洗牌和整合，共享办公行业逐渐进入稳定发展期。部分头部企业在市场中占据领先地位，通过优化服务、拓展市场等方式巩固自身地位。

2. 共享办公的成熟经验

WeWork：全球共享办公的标杆

作为全球最大的共享办公空间提供商，WeWork成为创业者心中的首选。它以其独特的设计理念和高效的运营模式，吸引了众多创业者和企业入驻。

WeWork的成功在于其强大的社区文化和创新的服务模式。通过定期举办各类活动和交流会，WeWork为入驻的企业和个人提供了宝贵的合作机会和资源对接。这种社区化的运营模式不仅提高了办公效率，还促进了创新和创意的碰撞。

截至2023年，WeWork已经覆盖了全球100多个国家和地区，拥有超过5 000个办公空间，累计服务了超过500万名会员。

优客工场：中国市场的先行者

作为中国本土的共享办公品牌，优客工场凭借其对中国市场的深入了解和丰富的运营经验，不仅提供高品质的办公空间和服务，还积极搭建创业生态系统，为创业者提供全方位的支持和帮助。

共享工位：灵活办公的新选择

共享工位是共享办公领域的一种新选择。用户可以根据自己的需求，选择不同时间段、不同位置的工位，实现灵活办公。在上海的一些共享办公空间，共享工位已经成为创业者们的新宠。他们可以根据自己的项目进度和团队规模，随时调整工位数量和位置，大大降低了办公成本。

3. 智能化与专业化在共享办公中的应用

智能化与专业化的引入，为共享办公带来了更加高效、便捷的体验。通过引入智能化办公系统，提高办公效率和服务质量；通过大数据分析，共享办公平台可以了解企业和个人的需求和行为习惯，为其提供更加个性化的服务；通过专业化服务，共享办公平台能够更好地满足企业和个人的需求。

第四节　共享经济的展望与社会影响

共享经济正以前所未有的速度改变着我们的生活方式、就业结构、资源利用方式以及社会结构与文化。本节将从共享经济未来的发展趋势、对就业与创业的推动作用、在促进资源高效利用中的角色、对社会结构与文化的深远影响等方面进行深入探讨。

一、共享经济未来的发展趋势预测

近年来，共享经济在全球范围内蓬勃发展，其市场规模持续扩大，但增速有所放缓。据国家信息中心发布的数据,2022年中国共享经济市场交易规模约为38 320亿元,同比增长3.9%。前瞻产业研究院初步估计,2023年市场规模或超40 000亿元,未来几年市场规模有望继续扩大。共享经济市场的不断扩大,预示着其未来的发展前景广阔。

1. 多元化与细分化

随着市场的深入发展,共享经济将不断向更多领域拓展,从共享办公、共享出行、共享住宿、共享教育到生活服务等多个领域实现多元化发展。同时,每个领域内部也将进一步细分,满足不同用户群体的个性化需求。

2. 绿色化与可持续发展

共享经济将越来越注重环保和可持续发展,推动绿色出行、绿色生活等理念的实施。共享经济通过共享和再利用闲置资源,减少了资源的浪费和环境的污染,推动了社会的可持续发展。例如,共享单车和共享汽车等交通工具的普及,减少了私人车辆的使用频率,降低了碳排放。

3. 规范化与法治化

随着监管政策的逐步完善,共享经济行业将更加规范化。企业需要遵守相关法律法规,注重保护用户权益和隐私,避免不正当竞争和违规行为,推动行业的健康发展。地方政府也积极出台相关政策支持共享经济的发展,如建设共享经济创新平台、推动共享经济产业集聚等。

二、共享经济对就业与创业的推动作用

共享经济不仅改变了人们的消费模式,也对就业和创业产生了深远影响。它打破了传统就业模式的束缚,催生了新的就业形态,改变

了传统的雇佣模式和就业模式，给我国就业形势带来了新变革和新机遇。

1. 创新就业模式

共享经济催生了一种新型的社会分工方式，人们可以依照自己的兴趣和技能，灵活选择工作机会，以自雇型劳动者的身份参与到经济活动中，而无须依托于相关企业。这种就业模式拓宽了就业空间，同时也带来了就业管理和社会保障的新挑战。

共享经济创造的就业岗位主要有两类：一类是通过科技赋能产生的新就业机会，如平台研发、数据分析等岗位；另一类是如网约车司机、外卖骑手和闪送员等岗位。这一类岗位为大量人群提供了就业机会，有效缓解了就业压力。

2. 降低创业门槛

共享经济平台降低了创业门槛，使得更多人能够参与到创业中来。创业者可以通过互联网平台，快速将自己的服务推向市场，不仅降低了创业成本，还可以享受到平台的流量红利。

以共享办公为例，创业者可以通过共享办公平台，以较低的成本获得办公空间、设备和服务，减轻了创业初期的资金压力。同时，共享办公平台还提供了丰富的创业资源和交流机会，有助于创业者拓展人脉、获取资源和提升创业成功率。

3. 创新创业的孵化器

共享经济平台为创新创业提供了良好的生态环境。平台上汇聚了大量创新资源，如人才、资金、技术等，为创业者提供了丰富的合作机会和创新灵感。同时，共享经济平台也在不断探索新的商业模式和服务方式，为创新创业提供了广阔的发展空间。

例如，美团外卖不仅为消费者提供了便捷的外卖服务，也为大量骑手提供了灵活就业的机会。这些骑手可以根据自己的时间和能力安排工作，实现了工作与生活的平衡。同时，美团外卖也为创业者提供了良好的创业平台，创业者通过入驻平台开设餐饮店铺等方式，实现了创业梦想。

三、共享经济在促进资源高效利用中的角色

共享经济通过共享和闲置资源再利用，提高了资源的利用效率，减少了资源的浪费和环境的污染，推动了资源的合理配置和循环利用。

1. 提高资源利用效率

共享经济通过平台将闲置资源进行整合和共享，使得资源得到了最大化的利用。例如，共享住宿平台将闲置的房源进行整合，提供给有需求的用户，既满足了用户的住宿需求，又提高了房源的利用效率。

2. 促进资源合理配置

共享经济通过市场机制调节资源的配置，使得资源能够流向更需要的地方。例如，在交通出行领域，共享单车和共享汽车等交通工具的普及，减少了私人车辆的使用频率，缓解了城市交通拥堵的问题；同时，共享交通工具还能够根据用户的需求进行灵活调度，提高了交通资源的利用效率。

3. 推动资源循环利用

共享经济通过共享和再利用闲置资源，减少了资源的浪费和环境的污染。例如，共享充电宝、二手物品交易等共享经济模式，使得闲置的物品得到了再利用，减少了资源的浪费；同时，共享经济还推动

了资源的循环利用和绿色经济的发展。

4. 推动绿色消费

共享经济通过提高资源利用效率，降低能源消耗和环境污染，推动了绿色消费的发展。通过共享出行、共享住宿等方式，减少了碳排放和能源消耗，降低了对环境的影响。例如，在共享出行领域，人们通过选择共享单车、网约车等绿色出行方式，减少了私家车的使用，降低了交通拥堵和空气污染。

四、共享经济对社会结构与文化的深远影响

共享经济不仅改变了我们的生活方式和就业结构，还对社会结构与文化产生了深远的影响。

1. 促进社会多元化和包容性

共享经济催生了新的社会阶层和群体，如自雇型劳动者、平台企业等。这些新的社会阶层和群体的出现，使得社会结构发生了深刻的变化。同时，共享经济为人们提供了更加灵活多样的生活方式和就业选择，促进了社会的多元化和包容性。它打破了传统社会结构的束缚，使得不同阶层、不同背景的人们有机会共享资源和服务，增强了社会的凝聚力和向心力。

2. 促进文化交流与融合

共享经济为人们提供了更加便捷的文化交流和传播渠道，通过平台将不同地域、不同文化背景的人们连接起来，促进了文化的交流与融合。例如，共享住宿平台使得来自不同地方的人们能够住在同一个屋檐下，互相了解彼此的文化和生活方式。这些交流和传播有助于增进不同文化之间的理解和尊重，促进全球文化的多样性和包容性。同

时,共享经济还推动了文化产业的创新和发展,如共享旅游、共享文化空间等新的文化业态的兴起。

3. 推动社会创新与进步

共享经济通过技术创新和模式创新,打破了传统行业的壁垒和限制,促进了产业的融合与创新。同时,共享经济还推动了社会的公平正义和可持续发展,如通过共享资源减少贫富差距、推动绿色出行等。

4. 改变消费观念与生活方式

在共享经济模式下,人们不再追求过度消费和物质享受,而是更加注重资源的节约和可持续利用。同时,共享经济也推动了人们从"拥有"向"使用"的转变,使人们更加注重服务的体验和品质。此外,共享经济也为人们提供了更加便捷、高效的服务和体验,提高了生活质量和幸福感。例如,共享单车和共享汽车让人们的出行更加便捷;共享充电宝和共享雨伞等服务则让人们的生活更加便利和舒适。

共享经济作为数字时代的一种新型经济模式,正以其独特的魅力和潜力,深刻影响着经济、社会、文化等多个层面。我们应充分认识到共享经济在推动就业与创业、促进资源高效利用、改变社会结构与文化等方面的作用,积极引导和规范共享经济的发展,共同推动人类社会的可持续发展。

第四章
绿色商业：引领可持续发展

随着全球环境问题的日益严峻，可持续发展已成为全人类共同的目标与追求。绿色商业如同一道曙光，照亮了可持续发展的道路，正引领着我们走向更加美好的未来。

绿色商业不仅仅是环保与商业的结合，更是对传统商业模式的深刻变革。它倡导低碳、环保、循环、可再生的生产方式，鼓励企业积极履行社会责任，实现经济效益与社会效益的双赢。在这场绿色革命中，企业纷纷转型，寻求更加环保、高效的发展路径。

让我们携手并进，共同探索绿色商业的无限可能，为实现可持续发展贡献自己的力量。让绿色成为商业的主旋律，让可持续发展成为我们共同的信仰和追求。

第一节　绿色商业的核心理念

一、绿色商业的定义与原则

绿色商业，顾名思义，是指在商品流通过程中充分体现环境保护意识、资源节约意识和社会责任意识，以满足消费者的绿色需求为导向，实现企业经营目标和可持续发展的商业模式。这一理念要求企业在市场营销、产品设计和流通等各个环节，均注重环保、健康与安全，以实现经济效益与环保效益的和谐统一。

绿色商业的基本原则主要包括：

第一，环境友好：企业的商业活动必须最大限度地减少对环境的负面影响,如减少碳排放、节约用水、采用可再生资源等。

第二,资源节约:在生产、流通和消费环节,通过优化资源配置,实现资源的最大化利用,减少资源浪费,倡导循环经济和零废弃理念。

第三,健康与安全:产品不仅要满足基本的使用需求,还必须保证对人体健康无害,并且在生产和消费过程中不对员工和消费者造成伤害。

第四,社会责任:企业应主动承担社会责任,积极参与环境保护和社会公益活动,提升消费者和社会的整体福祉,提高企业形象和社会认同感。

第五,可持续发展:在满足当前消费需求的同时,兼顾子孙后代的消费需求,维护自然生态平衡。

二、绿色商业的国际标准与认证

随着全球对环境保护和可持续发展的重视,绿色商业的国际标准和认证体系也应运而生,为绿色商业的发展提供了有力保障。这些标准和认证不仅为企业提供了可量化的绿色评价依据,也推动了全球绿色商业的发展。

1. LEED 认证

LEED 是由美国绿色建筑委员会(USGBC)开发的绿色建筑评估体系,是全球公认的绿色建筑标准。LEED 认证分为多个级别,其中铂金级是最高级别,被誉为绿色建筑界的"奥斯卡"。截至 2023 年底,中国已有 7119 个项目获得 LEED 认证。

2. SITES 认证

SITES 是针对室外场地建设和使用全生命周期(选址、设计、建设、运维）的可持续实践制定的实施指南和绩效标准。它旨在推动室外场地的可持续发展，提高场地对环境的适应能力。

3. WELL 认证

这是由国际 WELL 建筑研究院推出的建筑评价标准，重点关注物业的运营管理政策、设施维护管理制度、应急方案和利益相关方的教育及参与，旨在解决环境及未来更广泛的健康安全相关问题。

4. ISO 14001 环境管理体系认证

ISO 14001 是国际标准化组织（ISO）制定的环境管理体系标准，旨在帮助企业建立、实施、保持和改进环境管理体系，以实现环境目标。

这些国际标准和认证不仅为企业提供了绿色发展的方向和目标，也推动了全球范围内绿色商业的规范化、标准化进程。

三、绿色商业的可持续发展路径

绿色商业的可持续发展路径是一个系统工程，需要从战略规划、产品设计、流通管理、消费引导等多个层面综合推进，形成全方位、多层次的绿色商业体系。

1. 战略规划与绿色管理

绿色商业首先需要在战略层面确立可持续发展的目标，建立绿色管理体系。企业应将环保理念融入企业愿景和使命，制定明确的绿色发展战略。

太古地产在《2023 可持续发展报告》中，首次根据自然相关财务信息披露工作组（TNFD）的指引，公布了与自然相关的依赖性、影响、风险和机遇，制订了 1.5 ℃科学基础减碳目标，并通过人工智能能源管理平台深度挖掘节能潜力。

2. 绿色设计与绿色建筑

绿色商业要求在商业建筑的设计和施工过程中，采用环保材料和技术，实现建筑的节能、节水和资源高效利用。

杭州远洋乐堤港以其开放式集群式建筑设计，强调水、花园和文化的诗意结合，打造了屋顶广场、中心广场、绿色屋顶退台建筑等近1.8万平方米的户外空间。武汉群星城商业综合体则巧妙地将"森林""峡谷""河流"等自然元素融入建筑设计，营造出灵动变幻的空间和四季变换的生态环境。

3. 绿色供应链与绿色产品

绿色供应链管理是绿色商业的核心内容之一，它要求企业在供应链的各个环节都贯彻绿色理念，从原材料采购、生产制造、物流配送到销售服务，全程实现绿色化。包括：选择环保、可再生、无毒无害的原材料；采用清洁生产技术，减少废弃物排放；优化物流配送网络，减少运输过程中的碳排放；提供绿色产品和服务，倡导绿色消费等。同时，企业应积极开发绿色产品，满足消费者的绿色需求。

表 4-1 万达广场与领展中心城的绿色措施及成效

商场名称	绿色措施	成效
万达广场	绿色租赁约章、可持续采购政策、低碳营销活动	2023年全年回收衣物8 800件，减少纸杯2.8万个
领展中心城	引入呼吸灯、绿色植物装饰	能耗降低30.3%，每年减少碳排放6346.3Mt

4. 绿色流通与节能减排

绿色商业要求在商品流通环节，通过优化物流系统、减少包装浪费、推广绿色物流等方式，实现节能减排。

太古地产旗下的北京颐堤港、北京三里屯太古里、广州太古汇、成都太古里，采购和使用100%可再生能源，进一步迈向"净零碳"。其中，北京三里屯太古里15号楼是国内首个"光储直柔"商业应用的建筑。

5. 绿色消费与消费者引导

绿色商业需要引导消费者进行绿色消费，通过绿色营销活动、环保教育等方式，提升消费者的环保意识，推动绿色消费习惯的养成。

在英国，以环保理念建造的 Hoe Grange Holidays 民宿，通过使用世创电能的空气能热水器等可再生能源产品，成功获得了绿色旅游商业计划的金奖，成为英国排名前20的绿色商业项目之一。

6. 绿色服务与体验

绿色服务与体验是绿色商业的重要组成部分，它要求企业在提供服务的过程中，充分考虑消费者的环保需求，提供绿色、健康、舒适的服务环境，包括：优化服务流程，减少资源浪费和环境污染；开展环保宣传活动，提高消费者的环保意识，倡导绿色消费；提供绿色产品和服务，让消费者在享受服务的同时，感受到环保带来的好处等。

深圳领展中心城在绿色服务方面，通过改造部分楼层的灯带，引入呼吸灯，在节约能源的同时增添了环境的趣味性。同时还举办了旧衣回收活动、环保打卡等绿色公益活动，让消费者在购物的同时，参与到环保行动中来。

7. 绿色技术创新

绿色技术创新是推动绿色商业发展的重要动力，它要求企业不断研发新技术、新产品，提高资源利用效率，减少环境污染。

海南三亚夏日百货通过引进光伏发电项目，将商场打造成为坚持绿色管理、倡导绿色消费、保护生态资源、节能降耗的"绿色商场"。领展中心城在施工过程中，建材垃圾的回收率为80.79%，实现了资源的循环利用。

8. 绿色合作与共赢

绿色合作与共赢是推动绿色商业发展的重要途径，它要求企业与政府、消费者、供应商等各方建立合作关系，共同推动绿色商业的发展。

2020年6月，我国发布《绿色商场》国家标准（GB/T 38849-2020），进一步明确了绿色商场概念、绿色设施设备、绿色供应链、绿色服务、绿色消费等内容。2022年1月，国家发展改革委等七部门发布《促进绿色消费实施方案》，旗帜鲜明地提出"在消费各领域全周期全链条全体系深度融入绿色理念，全面促进消费绿色低碳转型升级"的目标。

绿色商业作为新时代商业发展的必然趋势，正在全球范围内引领着可持续发展的潮流。从战略规划到产品设计，从流通管理到消费引导，绿色商业的每一个环节都充满了生机与活力，正成为推动企业可持续发展和经济高质量发展的新引擎。

第二节 绿色商业的实践案例

从绿色生产与供应链管理,到绿色营销与品牌建设策略,再到一系列成功的绿色商业案例,它们共同展示了绿色商业的无限潜力与活力。接下来,我们就从这三个维度,探讨绿色商业的生动实践。

一、绿色生产与供应链管理

绿色生产是指在生产过程中尽量减少对环境的影响,提高资源利用效率,并降低废弃物的产生量。绿色供应链管理则涵盖了从原材料采购、生产、物流到最终废弃处理的全过程,旨在实现整个供应链的环保与可持续发展。

绿色生产与供应链管理强调"源头治理"和"全过程控制",通过采用环保材料、优化生产工艺、实施节能减排措施、加强废弃物回收与再利用等手段,企业可以在提高经济效益的同时,显著降低环境成本。此外,绿色供应链管理还要求企业与供应商、物流商等合作伙伴共同建立环保标准,确保整个供应链的绿色化。

比亚迪的绿色生产之路堪称典范。比亚迪在生产过程中,广泛采用先进的节能技术和环保材料。例如,其电动汽车的电池组采用高效的锂离子电池,不仅能量密度高,而且循环寿命长,大大降低了对环境的污染。此外，比亚迪还通过回收废旧电池，实现了资源的循环利用。

二、绿色营销与品牌建设策略

绿色营销是指企业以环保理念为核心，通过宣传和推广绿色产品、服务和品牌，引导消费者形成绿色消费观念和行为。绿色品牌建设则是企业在绿色营销的基础上，通过持续的创新和优质的绿色产品和服务，塑造具有独特环保价值的品牌形象。

绿色营销与品牌建设强调企业与消费者之间的"绿色共鸣"。企业通过传播绿色理念、展示绿色成果、提供绿色服务，增强消费者对品牌的认同感和忠诚度。同时，绿色品牌建设还要求企业不断创新，以满足消费者对绿色产品和绿色服务日益增长的需求。

蒙牛作为中国知名的乳制品品牌，其绿色营销策略颇具创意。蒙牛通过推出绿色产品系列，如有机牛奶、无添加酸奶等，满足了消费者对绿色健康食品的需求。在产品包装上采用可降解材料，减少了包装废弃物对环境的污染。同时，蒙牛还通过赞助环保公益活动，如植树造林、清洁海滩等，来展示其企业的环保责任；通过发布绿色消费指南等方式，引导消费者形成绿色消费习惯。此外，蒙牛还注重与消费者的互动，通过社交媒体等平台，收集消费者对绿色产品的反馈和建议，不断优化产品和服务。

三、绿色商业的成功案例分析

以下是一些国内外绿色商业的成功案例，它们通过实施绿色生产、绿色营销和品牌建设等策略，实现了经济效益和环保效益的双赢。

案例一：海尔的绿色转型之路

海尔作为中国家电行业的领军企业之一，其绿色转型之路备受关注。海尔通过技术创新和产业升级,实现了从传统家电制造商向绿色家电解决方案提供商的转变。海尔在生产过程中采用了先进的节能技术和环保材料,降低了产品的能耗和排放。

同时,海尔还积极推动绿色供应链管理,与供应商共同构建绿色供应链体系。在营销方面,海尔通过绿色营销策略和品牌建设策略,提升了消费者对绿色家电的认知度和接受度。海尔的绿色转型不仅提升了企业的环保形象和市场竞争力,也为消费者提供了更加环保、健康的家电产品。

表 4-2 海尔的绿色转型成效

企业名称	年节能量 (万吨标准煤)	年减排二氧化碳量 (万吨)	绿色供应链 合作伙伴数量
海尔	50	120	200+

案例二:京东的绿色物流

京东通过采用新能源物流车、优化物流配送网络、推广电子面单等措施,大大降低了物流过程中的碳排放。同时,京东还通过回收废旧包装材料、推广可降解包装等方式,实现了包装材料的循环利用。京东还推出"绿色青流计划"等环保公益活动,进一步扩大了其绿色商业的影响力。

表 4-3 京东的绿色物流成效

项目	2018 年	2022 年
新能源物流车数量	1 000 辆	10 000 辆
电子面单使用率	50%	90%
废旧包装材料回收率	10%	50%

从表 4-3 可以看出，京东在绿色物流方面取得了显著的成效。新能源物流车的数量大幅增加，电子面单的使用率也显著提高，废旧包装材料的回收率更是翻倍增长。这些数据充分展示了京东在绿色物流方面的努力和成果。

案例三：宜家的绿色家居革命

宜家作为全球知名的家居品牌，通过设计创新和材料革新，为消费者提供了更加环保、健康的家居产品。宜家的家具产品多采用可回收材料和环保工艺，降低了产品对环境的影响。同时，宜家还积极推动绿色供应链管理，要求供应商提供符合环保标准的原材料和产品。在营销方面，宜家通过举办环保主题活动、发布绿色家居指南等方式，引导消费者形成绿色家居消费观念。

宜家的绿色家居革命不仅提升了企业的环保形象和市场竞争力，也为消费者提供了更加环保、健康的家居生活方式。

表 4-4 宜家的绿色家居

企业名称	年使用可回收材料比例（%）	年减排二氧化碳量（万吨）	绿色家居产品种类数量
宜家	80+	100+	5000+

绿色生产与供应链管理、绿色营销与品牌建设策略以及绿色商业的成功案例共同构成了绿色商业的生动实践。这些实践不仅提升了企业的环保形象和市场竞争力，也为消费者提供了更加环保、健康的消费体验。未来，随着环保意识的不断增强和技术的不断进步，绿色商业将成为引领可持续发展的重要力量。

第三节　绿色商业的技术创新

越来越多的实际案例显示，绿色经济不仅仅是环保责任的延伸，更是商业机会的催化剂。绿色技术的研发与应用，是这一转型的重要推动力。

2023年，全球绿色经济的投资总额达到创纪录的3万亿美元，预计2024年将继续增长。这一趋势背后的原因不仅仅是政策推动，更是市场需求的变化。越来越多的消费者和投资者开始倾向于可持续发展的产品和服务，从而促使企业加速转型。

一、绿色技术的研发与应用

1. 新能源技术的突破

新能源技术无疑是绿色技术中的明星。中国作为全球最大的可再生能源投资国，近年来以光伏和风电为代表的新能源产业正蓬勃发展。比如，宁夏的"光伏海洋"和内蒙古的"风车矩阵"，不仅成为一道亮丽的风景线，更是将清洁能源源源不断地输送到千家万户。

数据显示，2023年我国光伏发电和风力发电累计装机容量均位居世界第一，新能源发电量占比已达到30%。根据国家能源局的数据，2020年中国光伏新增装机容量达到4820万千瓦，连续六年位居世界第一。

2. 绿色建筑与智能交通的革新

绿色建筑与智能交通系统是城市绿色化的两大支柱。绿色建筑技术，让商业建筑在环保与美观之间找到了完美的平衡点。在国内，上海中心大厦、深圳平安金融中心等地标性建筑，通过采用绿色建材、智能控制系统等先进技术，实现了能源的高效利用和环境的友好保护。据统计，相比传统建筑，这些绿色建筑的能耗可降低 30% 以上，碳排放量也大幅下降。而在智能交通方面，杭州利用阿里云打造的"城市大脑"，通过 AI 技术优化交通管理，减少拥堵，降低能耗，有效提升了城市交通效率。

3. 智能环保技术的兴起

智能环保技术，让环保变得更加智能、高效。在国内，华为等企业推出的智能垃圾分类系统，通过 AI 识别技术，实现了垃圾的分类投放和智能管理。这些系统的应用，不仅提高了垃圾分类的准确率，也促进了资源的循环利用。在国外，IBM 的 Watson 物联网平台正被广泛应用于环境监测和污染治理领域。通过大数据分析和智能预测，该平台能够实时监测环境质量，为政府和企业提供科学的决策依据。

4. 智能制造与循环经济

智能制造与循环经济的结合正成为绿色转型的重要途径。海尔集团推出的 COSMOPlat 工业互联网平台，通过大数据分析优化生产流程，实现个性化定制与大规模生产的结合，同时推动废旧家电回收再利用，构建闭环的循环经济体系。海尔智家利用先进的自动化拆解设备，在拆解工厂中将冰箱、洗衣机和空调等家电中的塑料、金属和电子元件分类处理,并将其再生材料应用于新产品的生产中。每年海尔智家通过其再循环互联工厂拆解 200 万台左右的废旧家电,并从中提取了 3 万吨循环材料,充分释放了废旧家电的再生价值。

5. 可再生能源

在可再生能源方面,越来越多的企业开始利用太阳能、风能等清洁能源。例如,施耐德电气在中国的 21 家工厂部署了太阳能光伏系统,其中北京工厂 2021 年的屋顶光伏项目年发电量 224 万千瓦时,承担了工厂每年 30% 的能源供给。这种绿色技术的应用不仅降低了企业的能源成本,还减少了对环境的影响。

二、绿色商业模式的创新实践

绿色商业模式的创新,是将环境保护理念融入商业活动的全过程,通过创新设计、服务升级、价值重构等方式,实现经济效益与环境效益的双赢。

1. 绿色金融产品

绿色金融产品的创新为绿色项目提供了资金支持。在国内,多家银行和金融机构推出了绿色信贷、绿色债券等金融产品,为绿色项目提供资金支持。中国农业发展银行推出的"绿色农业信贷产品",支持生态农业、农村可再生能源等项目,助力乡村振兴和绿色农业发展。此外,绿色债券、碳交易市场的兴起,也为企业和个人提供了参与绿色投资、实现资产增值的新渠道。

2. 绿色共享经济

共享经济通过提高资源使用效率,减少资源浪费。例如滴滴出行通过整合闲置车辆资源,有效缓解了城市交通压力,减少了碳排放。

据滴滴公布的数据，截至 2023 年年底，其平台累计减少碳排放超过 1 300 万吨。

3. 绿色循环物流

京东物流推出的"绿色青流计划"，致力于打造绿色供应链，从包装材料、仓储、配送等多个环节入手，推动物流行业的绿色化。比如，使用可降解快递袋、循环快递箱，建立电子面单系统。截至 2021 年，京东已减少一次性包装材料使用量超过 100 亿个。

4. 绿色商业空间

在商业建筑领域，绿色商业空间的打造也成为一种创新实践。获得 LEED 铂金级认证的上海南翔印象城 MEGA，通过楼宇自控系统和能源再生系统，实现了有效节能减排、降本增效。其中，智能化能源管理系统每年可节约空调费用数百万元，智慧化停车管理体系使车库周转率提升近 30%。这种绿色商业空间的打造，不仅提升了消费者的购物体验，还为企业带来了经济效益和环境效益的双重提升。

三、推动绿色商业发展的关键因素

绿色商业不仅关乎环境保护，更是企业转型升级、提升竞争力的重要途径。其发展的关键因素可归纳为政策引导、技术创新、消费者意识提升及企业社会责任感增强四个方面。

1. 政策引导：构建绿色发展的框架

政府作为政策制定者，其导向作用不容忽视。中国自"十三五"规划以来，就明确提出绿色低碳循环发展的经济体系构建目标，出台了一系列支持绿色商业发展的政策措施，如《关于加快发展绿色流通促进商业全面绿色转型的意见》《中华人民共和国环境保护法》《中华人民共和国循环经济促进法》等，为绿色商业提供了法律保障和政策导向。以"限塑令"为例，自2008年实施以来，有效减少了塑料袋的使用量，促进了环保购物袋的普及。

国外方面，欧盟实施的"碳边境调节机制"和"绿色新政"计划，通过经济手段激励企业减少碳排放，推动绿色供应链建设。这些政策不仅促进了绿色产品的生产与销售，还加速了传统产业的绿色转型。

2. 技术创新：驱动绿色转型的核心

技术创新是绿色商业发展的核心驱动力。无论是新能源的应用、节能产品的研发，还是数字化管理系统的普及，都极大地促进了商业活动的绿色化。特斯拉在中国建立超级工厂，不仅带动了新能源汽车产业的快速发展，还促进了充电基础设施的建设，减少了对传统燃油车的依赖。同时，国内企业如京东物流，通过引入无人仓、无人机配送等高科技手段，实现了物流效率的大幅提升和碳排放的显著降低。

3. 消费者意识提升：市场需求的拉动力

随着环保教育的普及和公众环保意识的增强，越来越多的消费者开始倾向于选择绿色产品和服务。据艾瑞咨询数据，2020年中国绿色消费市场规模达到数万亿元，预计未来几年将持续增长。这种趋势促使企业不得不重视绿色转型，以满足市场需求。

4. 企业社会责任感增强：内在动力的源泉

除了外部压力和市场需求，越来越多的企业开始主动承担社会责任，将绿色发展纳入企业战略规划。这不仅有助于提升品牌形象，还能促进长期可持续发展。宜家在中国推广的"可持续生活"理念，从产品设计、材料选择到回收利用，全方位贯彻环保原则，赢得了消费者的广泛认可。

综上所述,政策引导、技术创新、消费者意识提升及企业社会责任感增强共同构成了推动绿色商业发展的四大支柱。在全球化背景下,国内外企业的成功案例为我们提供了宝贵经验,展示了绿色商业不仅是应对环境挑战的必要之举,更是实现经济高质量发展的必然选择。

第四节 绿色商业的未来趋势与挑战

一、绿色商业的未来趋势

1. 政策引导与支持不断加强

近年来,各国政府纷纷出台了一系列支持绿色商业发展的政策措施。在中国,政府强调绿色发展和生态文明建设,推出了一系列激励措施,包括财政补贴、税收优惠和绿色信贷等。据统计,到2022年,我国有关绿色项目的贷款余额高达22.03万亿元,相比2021年上涨了38.5%。这些政策旨在推动可再生能源的开发和应用,以及高效、低碳技术的产业化。

2. 市场需求推动绿色消费

随着消费者对可持续发展和环境保护意识的增强,越来越多的消费者开始倾向于选择绿色产品和服务。这一市场需求的变化促使企业加速转型,以满足消费者的绿色需求。

3. 技术创新引领绿色发展

技术创新是推动绿色商业发展的重要力量。近年来，人工智能、大数据、云计算和物联网等前沿技术的迅猛发展，为绿色商业的发展提供了强有力的支持。例如，在建筑行业，新型材料和智能技术的应用显著减少了资源消耗和碳排放。AIGC（生成式人工智能）在商业空间设计中的应用也带来了精准的设计与效能优化，包括智能布局、交互优化、装配建造、规则审查等。

4. 绿色金融快速发展

绿色金融是为支持环境改善、应对气候变化和资源节约高效利用的经济活动提供的金融服务。近年来，中国绿色金融市场规模持续扩大，绿色债券、绿色贷款和风险投资等金融工具为可再生能源项目和清洁技术创新提供了资金来源。

此外，绿色金融还能通过开发基于大数据的风控系统，全面判断用户信用情况，剔除"假绿""染绿""漂绿"项目，使绿色金融活动可计量、可验证，有效缓解信息不对称问题。

5. 国际合作与标准制定

在全球可持续发展的大背景下，国际合作与标准制定对于推动绿色商业的发展具有重要意义。中国积极参与绿色金融领域的国际交流与合作，推动绿色金融标准的制定与互认，促进绿色资金的跨境流动。在 G20 杭州峰会上，绿色金融议题首次被纳入 G20 议程，成立了 G20 绿色金融研究小组。

二、绿色商业面临的挑战

尽管绿色商业的发展前景广阔，但在实际推进过程中仍然面临诸多挑战。

1. 政策与市场的不确定性

政策和市场的不确定性是绿色商业发展面临的一大挑战。由于绿色商业的发展涉及多个领域和层面，虽然政府出台了一系列支持政策，但绿色金融的标准和认证体系尚不完善，给企业的操作带来了额外的复杂性。此外，由于绿色项目的特殊性和复杂性，相关数据和信息获取难度较大，投资者难以准确评估项目的环境影响和可持续性。

2. 技术与资金壁垒

绿色商业的发展需要巨额的前期投资，包括技术研发、设备购置、人才引进等方面。由于绿色技术的复杂性和不确定性，企业在研发过程中可能面临技术失败的风险。此外，绿色技术的应用也需要一定的时间和成本来推广和普及。由于技术和资金的壁垒，很多中小企业难以顺利转型。

3. "漂绿"现象与信任危机

"漂绿"现象是指企业通过虚假宣传或误导性信息来标榜自己的绿色形象。这种现象严重影响了整个行业的信用水平，使得消费者对绿色产品的信任度降低。虚标绿色产品难以鉴别，引发消费者质疑"为绿色买单"能否落到实处。这不仅损害了消费者的利益，也阻碍了绿色商业的健康发展。

4. 标准化与认证机制的缺失

绿色商业的标准化和认证机制尚不完善，给企业的操作带来了额外的复杂性。由于各国的绿色评估标准各不相同，这给投资者带来了不确定性，限制了他们对绿色项目的投资意愿，也使得消费者难以准确识别绿色产品的真伪和质量。

三、构建绿色商业生态系统

构建绿色商业生态系统是推动绿色商业发展的重要途径。通过加强政府、企业、科研机构和社会各界的合作与交流，可以形成合力，共同推动绿色商业的发展。

1. 政府完善政策框架与激励机制

政府在绿色商业的发展中扮演着重要的角色。政府可以通过财政补贴、税收优惠、绿色信贷等政策措施，鼓励企业加大绿色技术的研发投入和应用。同时，政府还可以建立绿色商业的标准化和认证机制，提高项目的透明度和可比性，为投资者提供更多的选择。此外，政府还可以加强国际合作与交流，推动绿色金融标准的制定与互认，促进绿色资金的跨境流动。通过加强国际合作，共同应对全球气候变化和环境问题，推动绿色商业的可持续发展。

2. 企业加强技术创新与转型升级

企业在绿色商业的发展中是不可或缺的参与者。企业需要加强技术创新和转型升级，以适应市场需求的变化。企业可以通过引进和应用新技术、新材料、新工艺等方式，提高产品的环保性能和资源利用效率。同时，企业还可以加强内部管理，优化生产流程，降低能耗和排放。此外，企业还可以通过产学研合作，推动绿色技术的研发和应用，为绿色商业的发展提供更多的技术支持和创新动力。

3. 科研机构加强技术研发与成果转化

科研机构在绿色商业的发展中发挥着重要的作用。科研机构可以通过开展前沿技术研究和应用基础研究，推动绿色技术的创新和突破。

同时，科研机构还可以与企业合作开展技术研发和成果转化，将科技成果转化为实际生产力。此外，科研机构还可以积极参与绿色商业生态系统的建设，为政府和企业提供技术咨询和决策支持。

4.社会各界共同参与推动

绿色商业的发展需要社会各界的共同参与和推动。社会各界可以通过宣传和教育等方式，提高公众对绿色商业的认知和接受度。

例如，媒体可以通过报道绿色商业的成功案例和先进经验，引导公众树立正确的消费观念和生活方式。同时，社会组织也可以开展各种形式的宣传和教育活动，提高公众对环境保护和可持续发展的认识。此外，消费者也可以通过选择绿色产品和服务，支持绿色商业的发展。

5.加强国际合作与交流

加强国际合作与交流是推动绿色商业发展的重要途径。例如，中国可以积极参与绿色金融领域的国际交流与合作，推动绿色金融标准的制定与互认，促进绿色资金的跨境流动。同时，中国还可以加强与其他国家在绿色技术、绿色产业等方面的合作与交流，共同推动全球绿色商业的发展。

绿色商业是未来商业发展的必然趋势，也是推动全球经济可持续发展的重要力量。面对绿色商业的未来趋势和挑战，我们需要构建绿色商业生态系统，形成政府、企业、行业协会和社会各界共同参与的合力。通过加强政策引导、推动技术创新、完善标准化和认证机制、加强交流与合作以及推动绿色金融的发展，我们可以共同推动绿色商业的可持续发展。

第五章
全球化战略：拓展国际市场

在全球化时代，企业之间的竞争早已跨越了国界，拓展国际市场已不再是企业的选择题，而是必答题。随着科技的飞速进步和信息技术的广泛应用，世界变得越来越"平"，市场边界日益模糊。企业若想在激烈的国际竞争中占有一席之地，就必须勇敢地迈出国门，拥抱全球市场。从东方初升的太阳到西方落日的余晖，每一个角落都涌动着国际贸易的浪潮，企业如何在这样的环境中破浪前行，成为时代的弄潮儿？

本章深入探讨全球化战略的核心要素，分析企业在拓展国际市场时所面临的挑战与机遇。通过生动案例与翔实数据，展现那些成功跨越国界、在全球舞台上大放异彩的企业如何运筹帷幄，以及它们背后的智慧与勇气。这不仅是一场商业的较量，更是时代精神的体现。让我们共同见证，在全球化战略的引领下，越来越多的中国企业将扬帆远航，驶向更加辉煌的未来！

第一节　全球化战略的背景与趋势

一、全球化的历史进程与现状

全球化是一个复杂且多层次的现象，其历史进程可以追溯到多个时间点。一些学者认为，公元 1000 年左右是全球化真正的开端，这一时期，探索者们开始连接世界，促进了贸易和文化的交流。另一些观点则将全球化的开端追溯到 1492 年哥伦布发现新大陆，这一事件标志着世界各大洲之间的直接联系开始建立。工业革命时期的技术革新和工业化进程极大地促进了全球贸易和交流，也被视为全球化的重要阶段。

进入20世纪，尤其是第二次世界大战结束后，美国公司开始走向国际，推动了全球化的深入发展。这一阶段，全球化主要表现为跨国公司的兴起、国际贸易壁垒的减少、资本流动的加速以及信息技术的飞速发展。

进入21世纪，全球化加速发展，信息技术的革命使得人与人之间的联系更加紧密，信息获取的速度前所未有地提高。全球化不仅促进了经济的融合，还带来了文化、科技、社会等多个领域的交流与融合。

然而，全球化并非一帆风顺，近年来，随着国际政治经济形势的变化，全球化进程遭遇了诸多挑战。全球供应链的波动以及贸易保护主义的抬头，都对全球化进程产生了不利影响。一些国家开始采取"逆全球化"的政策，试图减少与世界的联系。

尽管如此，全球化作为经济发展不可逆转的趋势，其总体方向并未改变。当前，全球化已经进入了一个新的发展阶段。一方面，各国在加强双边和多边合作的同时，也在积极寻求自身利益的最大化；另一方面，随着科技的进步和数字经济的发展，全球化正在呈现出新的特点。数字经济、绿色经济等新兴领域的崛起，为全球化提供了新的动力。同时，区域经济合作和全球贸易体系的完善，也为全球化的深入发展提供了有力支持。

以中国为例，中国作为全球化的积极参与者和推动者，近年来在全球化进程中取得了显著成就。中国积极参与全球贸易体系的建设和完善,推动"一带一路"倡议与共建国家的经贸往来和发展。同时,中国也积极推动数字经济的发展,加强与国际社会的合作与交流,为全球化注入了新的活力。

二、全球化战略的挑战与机遇

全球化战略是指企业在全球范围内配置资源、拓展市场、提升竞争力的战略计划。然而,在实施全球化战略的过程中,企业面临着诸多挑战和机遇。

1. 全球化战略的挑战

竞争压力:全球化使市场竞争更加激烈。跨国公司凭借其品牌、技术和管理优势,在全球范围内展开竞争,给本土企业带来了巨大的压力。企业需要不断提升自身的竞争力,才能在市场中立足。

贸易壁垒:尽管全球化促进了国际贸易的发展,但各国之间的贸易壁垒仍然存在。关税、非关税壁垒以及贸易保护主义政策的抬头,都给企业的全球化战略带来了不小的挑战。

文化差异:不同国家和地区的文化差异是企业全球化战略面临的主要挑战之一。企业需要尊重当地的文化习俗,避免文化冲突,加强文化融合,同时还需要适应不同市场的消费者需求。

政治风险:政治风险是企业全球化战略中不可忽视的因素。国际政治局势的动荡、汇率的波动、贸易政策的调整等,都可能对企业的全球化战略产生负面影响。例如,中美贸易摩擦导致许多中国企业在美国市场的业务受到冲击。

法律合规:不同国家和地区的法律法规存在差异,企业需要严格遵守当地的法律法规,避免因违法违规而引发的法律风险。例如,欧盟的数据保护法规（GDPR）对中国企业在欧洲市场的数据使用和管理提出了严格要求。

资源约束：全球化战略需要企业在全球范围内配置资源。然而，资源的有限性和不均衡分布，使企业面临着资源约束的问题。

表 5-1 全球化战略的主要挑战

挑战类型	描述
竞争压力	全球化市场中的竞争异常激烈，企业需要不断提升自身的竞争力
文化差异	不同国家和地区的文化差异可能导致企业面临文化冲突和消费者需求不适应的问题
政治风险	地缘政治冲突、政策变化等可能对企业的全球化战略产生负面影响
法律合规	不同国家和地区的法律法规存在差异，企业需要严格遵守当地的法律法规
贸易壁垒	形形色色的贸易壁垒给企业的全球化战略带来不小的挑战
资源约束	资源的有限和不均衡加大了全球范围内配置资源的难度

2. 全球化战略的机遇

市场拓展：全球化战略为企业提供了广阔的市场空间。通过进入新兴市场，企业可以拓展业务，增加收入，提高市场份额。例如，中国的华为、阿里巴巴等企业通过实施全球化战略，成功进入国际市场，实现了业务的快速增长。

资源整合：全球化战略使企业能够在全球范围内整合资源，实现资源的优化配置。例如，企业可以在成本较低的国家采购原材料，在技术水平较高的国家进行研发，在市场需求较大的国家销售产品。

技术创新：全球化战略促进了国际的技术交流与合作。企业可以通过引进先进技术、与国际科研机构合作等方式，提升自身的技术创新能力。

品牌提升：全球化战略有助于提升企业的品牌形象和国际影响力。通过参与国际竞争，企业可以展示自身的实力和优势，提高品牌知名度和美誉度。

华为作为全球领先的通信设备供应商，其全球化战略的成功经验值得借鉴。华为通过自主研发和创新，不断提升自身的技术实力和产品竞争力。同时，华为还积极参与国际标准制定，提高自身的国际影响力。在拓展国际市场方面，华为采取本土化战略，根据不同市场的消费者需求和文化习俗，提供定制化的产品和服务。此外，华为还注重与当地企业和政府建立合作关系，共同推动当地通信产业的发展。通过这些措施，华为成功进入了全球多个市场，成为全球通信设备市场的领军企业。

三、全球化战略的未来趋势预测

未来，全球化战略将呈现以下趋势：

1. 区域经济合作加强

随着全球化的深入发展，区域化合作将成为企业拓展国际市场的新路径。各国将通过签订自由贸易协定、建立区域经济一体化组织等方式，促进贸易和投资自由化便利化，降低贸易壁垒和成本，实现资源的优化配置和市场的拓展。

2. 数字化和智能化转型

数字化和智能化将成为全球化战略的重要趋势。随着信息技术的快速发展和普及，企业将更加注重数字化和智能化转型，通过运用大数据、人工智能、物联网等先进技术，提升生产效率和管理水平，降低成本和风险，增强竞争力和可持续发展能力。随着信息技术的不断发展，数字化转型将成为企业全球化战略的重要方向。

3. 绿色和可持续发展

绿色和可持续发展将成为全球化战略的重要方向。随着全球环境问题的日益严峻和人们对环保意识的增强，企业将更加注重绿色和可持续发展，通过采用环保技术、优化生产流程、推广绿色产品等方式，降低环境污染和资源消耗，推动绿色产业链的构建和完善，实现经济效益和社会效益的双赢。

4. 多元化和包容性发展

多元化和包容性将成为全球化战略的重要特征。随着全球化的深入发展，不同文化、价值观和社会制度之间的交流与融合日益频繁，企业将更加注重多元化和包容性发展，尊重差异、寻求共识，推动社会的繁荣与进步。

5. 全球化与逆全球化并存

未来，全球化与逆全球化将并存。一方面，全球化将继续推动贸易和投资自由化便利化，促进资源的优化配置和市场的拓展；另一方面，逆全球化也将继续存在，一些国家可能会采取保护主义政策，限制贸易和投资自由化便利化。因此，企业需要在全球化与逆全球化之间寻求平衡，制定灵活多样的全球化战略。

6. 本土化战略

本土化战略是企业全球化战略中的重要组成部分。企业需要深入了解当地市场的消费者需求和文化习俗，通过研发适合当地市场的产品和服务，提高市场份额和增强品牌影响力。例如，可口可乐公司在全球范围内实施本土化战略，根据不同市场的消费者需求和文化习俗，推出了多种口味和包装的产品。

表 5-2 全球化战略的未来趋势

趋势类型	描述
区域化合作	参与区域经济一体化进程，享受关税减免、市场准入便利等优惠政策
数字化转型	通过数字化技术实现全球供应链的协同管理、远程办公、在线营销等
可持续发展	注重环境保护和社会责任，通过绿色生产、节能减排等方式降低对环境的影响
本土化战略	深入了解当地市场的消费者需求和文化习俗，提供定制化的产品和服务

近年来，中国"一带一路"倡议一直是推动全球化战略的重要平台。通过加强与"一带一路"国家的经贸合作和人文交流，中国推动了贸易和投资自由化便利化，促进了资源的优化配置和市场的拓展。同时，中国还注重绿色和可持续发展，推动"一带一路"国家的经济发展和民生改善。

综上所述，全球化战略是企业拓展国际市场、提升竞争力的必然选择。企业在制定全球化战略时，需要充分考虑市场环境、政治局势、法律法规和文化差异等因素，制订灵活多样的战略方案。同时，企业还需要加强跨文化管理、合规管理和风险管理等方面的工作，确保全球化战略的顺利实施和可持续发展。未来，随着数字化转型、绿色可持续发展、区域化合作、多元化发展和创新驱动发展等趋势的兴起，全球化战略将呈现出新的特点和方向。

第二节 全球化战略的实施路径

在全球化的大潮中，企业要想成功拓展国际市场，必须精心规划并实施一系列战略举措。从市场调研与消费者洞察、本地化运营与品牌建设，到全球化供应链的构建与优化，每一步都至关重要。

一、市场调研与消费者洞察

市场调研与消费者洞察是全球化战略的第一步，也是至关重要的一步。市场调研的目的是通过深入了解目标市场的文化、消费者习惯、法律法规以及竞争环境，使企业能够制订出更加符合当地市场需求的品牌策略，从而避免文化冲突和法律风险，提升品牌的市场竞争力。市场调研的主要方向包括：

1. 文化敏感性

文化敏感性是市场调研中不可或缺的一环。不同国家和地区的文化价值观、信仰、传统习俗和节日等存在差异，企业需对此有深入的了解，以避免因文化差异而引发的误解或冒犯。例如，2018年，某国际知名快餐品牌在中国市场推出了一款"辣味鸡肉卷"，但由于未能充分考虑到中国消费者对辣味的接受程度，导致产品销量不佳。这一案例表明，企业在推出新产品时，必须充分考虑目标市场的文化特点和消费者偏好。

2. 语言障碍

语言障碍也是企业在全球化过程中需要克服的难题。企业需掌握当地主要语言，或至少确保品牌沟通材料（如广告、包装、网站）能被准确翻译，以避免语言上的误解。例如，华为在进入欧洲市场时，不仅将产品说明书、广告等翻译成当地语言，还聘请了当地设计师对产品包装进行本土化设计，从而赢得了消费者的信任和喜爱。

3. 需求分析

通过市场调研，企业可以了解消费者的购买习惯、偏好、需求和期望，包括他们对产品的功能、价格、质量、设计等方面的要求。例如，小米在进入印度市场时，通过市场调研发现当地消费者对性价比高的智能手机有较高的需求，于是推出了针对印度市场的定制化产品，从而迅速占领了市场份额。

4. 竞争对手分析

竞争对手分析也是市场调研的重要组成部分。企业需要识别并分析目标市场中的竞争对手，了解他们的市场份额、产品特点、价格策略、营销手段等。这有助于企业找到自身的差异化点，制定更加有效的竞争策略。例如，海信在进入南非市场时，通过深入分析当地竞争对手的产品特点和市场策略，推出了具有差异化竞争优势的电视产品，从而在当地市场取得了显著成绩。

5. 市场细分

市场细分有助于企业更精准地定位和满足目标消费群体的需要。企业可以根据消费者的不同需求和特征，将市场细分为更小的子市场。

例如，海尔在进入美国市场时，针对不同消费群体推出了不同系列的家电产品，如针对高端市场的卡"萨帝系"列和针对中低端市场的"GE"系列，从而满足了不同消费者的需求。

表 5-3 关于市场调研的简要框架

市场调研内容	详细说明
文化敏感性	了解目标市场的文化价值观、信仰、传统习俗和节日等
语言障碍	掌握当地主要语言或确保品牌沟通材料能被准确翻译
需求分析	了解消费者的购买习惯、偏好、需求和期望
竞争对手分析	识别并分析目标市场中的竞争对手，了解他们的市场份额、产品特点等
市场细分	根据消费者的不同需求和特征，将市场细分为更小的子市场

二、本地化运营与品牌建设

1. 本土化运营的策略

本地化运营是全球化战略的核心之一。它要求企业在进入新市场时，根据当地的文化、法律、经济等环境，以及当地消费者的需求和偏好，对产品、服务、营销等方面进行适应性调整。本地化运营可以降低文化冲突和法律风险，提高品牌的市场接受度和消费者满意度。

本地化运营通常包括以下几个方面：

产品本地化：根据目标市场的消费者需求，对产品进行适应性调整，如改变产品规格、功能、外观等。

服务本地化：提供符合当地消费者习惯的服务，如售后服务、支付方式等。

营销本地化：采用符合当地文化和消费者心理的营销策略，如广告、促销活动等。

品牌本地化：在保持品牌核心价值的基础上，对品牌进行适应性调整，以更好地融入当地市场。

以海尔智家为例，其在进入美国市场时，针对美国消费者的需求和偏好，对产品进行了适应性调整。他们推出了大容量、高效率的洗衣机和烘干机，以满足美国家庭对洗衣和烘干的需求。同时，海尔还通过在美国建立研发中心和生产基地，实现了产品的本地化生产和研发，提高了产品的竞争力和市场响应速度。

2. 品牌建设的策略

品牌建设是企业全球化战略的重要组成部分。一个强大的品牌不仅可以提高产品的市场占有率，还可以为企业带来持续的品牌溢价和消费者忠诚度。

品牌定位：品牌定位是品牌建设的基础。企业需要明确自己在目标市场中的独特位置和价值主张。

品牌标识设计：品牌标识设计是品牌建设的重要组成部分。企业需要创造一个独特且易于识别的品牌标识，包括标志、字体、颜色和图形元素等。这些元素应该能够传达品牌的核心价值和个性，并与竞争对手形成明显区别。

品牌故事讲述：品牌故事讲述是增强品牌吸引力和认同感的有效手段。企业可以通过讲述品牌的起源、创始人的经历、品牌的使命和愿景等故事,增加品牌的独特性和吸引力。例如,海尔在进入美国市场时,通过讲述其创始人张瑞敏"砸冰箱"的故事,向美国消费者传递了海尔对产品质量和消费者需求的极致追求。

表5-4 本地化运营与品牌建设的关键要素

关键要素	说明
产品本地化	根据当地消费者需求和文化差异,调整产品设计和功能
营销本地化	制定符合当地市场特点的营销策略和推广活动
服务本地化	提供符合当地消费者需求的售后服务和客户支持
品牌故事传播	通过讲述品牌故事,增强品牌与消费者的情感联系
社交媒体营销	利用社交媒体平台,与全球消费者建立互动和联系

三、全球化供应链的构建与优化

全球化供应链的构建与优化是全球化战略的重要保障。它要求企业在全球范围内整合和优化资源,确保产品从原材料采购、生产制造到物流配送等各个环节都能够高效、低成本地进行。同时,全球化供应链还能够帮助企业应对各种风险和挑战,如自然灾害、政治动荡等。

1. 全球采购

全球采购是全球化供应链的重要组成部分。企业可以通过全球采购获取更优质、更便宜的原材料和零部件,从而降低成本并提高产品质量。

2. 本地化生产

本地化生产是企业适应不同市场环境的重要手段。企业可以在目标市场附近设立生产基地，利用当地资源和劳动力优势，降低生产成本并提高市场响应速度。

3. 多元化物流

多元化物流是全球化供应链的关键环节。企业需要建立高效、灵活的物流体系，以确保产品能够及时、准确地送达目标市场。

4. 风险管理

风险管理是全球化供应链中不可或缺的一环。企业需要密切关注全球市场的变化和风险，如政治风险、自然灾害、汇率波动等，并制订相应的应对措施。

5. 可持续发展

可持续发展是全球化供应链的重要趋势。企业需要注重环保和社会责任，积极采用环保材料和技术，推动绿色供应链建设。

以福耀玻璃为例，作为全球最大的汽车玻璃生产商之一，福耀玻璃在全球范围内建立了多个生产基地和研发中心。通过整合全球资源，福耀玻璃实现了原材料采购、生产制造、物流配送等环节的协同和高效运作。

表 5-5 对全球化供应链的构建与优化的一个重要参照。

表 5-5 全球化供应链的构建与优化的关键要素

关键要素	说明
全球资源整合	在全球范围内整合原材料、生产设备、物流等资源

（续表）

关键要素	说明
生产基地布局	根据市场需求和资源分布，合理布局生产基地
物流配送体系	建立全球物流网络和智能仓储系统，实现快速周转和准确配送
生产技术创新	采用先进的生产技术和设备，提高生产效率和产品质量
供应商评估体系	建立供应商评估体系，选择优质的供应商作为战略合作伙伴

总之，在实施全球化战略时，企业需要进行深入的市场调研和消费者洞察，了解目标市场的环境和消费者需求；进行本地化运营和品牌建设，以更好地融入当地市场并赢得消费者的认可和信赖；构建和优化全球化供应链体系，确保产品从原材料采购到物流配送等各个环节都能够高效、低成本地进行。通过这些举措，企业可以在全球化的大潮中实现可持续发展。

第三节　全球化战略的风险管理

全球化战略的实施为企业带来了前所未有的发展机遇，但同时也伴随着一系列复杂且多变的风险，如政治风险、经济风险、文化冲突等。有效的风险管理策略不仅能帮助企业规避潜在威胁，还能提升其在国际市场上的竞争力和可持续发展能力。

一、政治风险与应对策略

政治风险是指由于政治因素的不确定性导致企业损失的风险。这些政治因素包括政策变动、政治不稳定、战争和恐怖主义等。在全球化战略中，政治风险是企业面临的重要挑战之一。

众所周知，华为在拓展美国市场时曾遭遇了巨大的政治风险。美国政府以国家安全为由，对华为展开了全面打压，包括限制其在美国市场的业务活动、禁止美国企业向华为提供关键技术和零部件等。这一系列措施对华为在美国市场的拓展造成了严重影响，甚至导致其市场份额大幅下降。

为了应对政治风险，华为采取了以下策略：

多元化市场布局：为了降低对单一市场的依赖，华为积极开拓欧洲、东南亚、非洲等其他市场，实现了市场的多元化布局。这样企业在某一市场面临政治风险时，能够迅速调整战略，将损失降到最低。

加强政府关系：积极与当地政府建立良好的关系，了解政策动态，争取政策支持，降低政治风险。通过参与政策制定、公共事务等方式，提升企业在当地的影响力。

建立政治风险评估机制：定期评估目标市场的政治稳定性、政策变动风险等，及时应对潜在的政治风险，为决策提供数据支持。

加强合规管理：建立完善的合规体系，确保企业在海外市场遵守当地法律法规。通过设立合规部门、开展合规培训、加强内部审计等方式，提升企业的合规意识和能力。

二、经济风险与财务安全

经济风险是指由于经济因素（如汇率波动、通货膨胀、经济衰退等）导致企业跨国经营的不确定性。这些风险直接影响企业的财务状况和盈利能力，是企业全球化战略中不可忽视的重要方面。

近年来，中国企业纷纷进军非洲市场，寻求新的增长点。然而，非洲市场也面临着汇率波动、通货膨胀等经济风险。例如，某中国企业在非洲某国投资了一个大型基础设施项目，但由于当地货币贬值严重，导致项目成本大幅上升，企业面临巨大的经济损失。

为了应对这些风险，该企业采取了以下策略：

建立经济风险评估机制：定期评估目标市场的经济环境、汇率波动、通货膨胀等风险，为决策提供数据支持。

汇率风险管理：通过签订远期外汇合约、购买外汇期权等方式，锁定汇率，降低汇率波动对企业的影响。

拓宽融资渠道：通过国际金融机构、多边开发银行等渠道融资，降低对单一融资方式的依赖和融资成本，提高财务安全性。

加强成本控制：通过优化项目设计、提高施工效率等方式，降低项目成本，提高盈利能力。

三、文化风险与跨文化沟通

文化风险是指由于文化差异导致企业损失的风险。在全球化战略中，企业需要面对不同国家和地区的文化差异，包括价值观、宗教信仰、风俗习惯等。这些文化差异可能给企业的市场进入、产品推广和人员管理带来挑战。

小米智能手机品牌在印度市场取得了显著的成功。然而，在拓展印度市场的过程中,小米也面临着文化差异带来的挑战。例如,印度消费者更加注重产品的性价比和售后服务,而小米在初期过于注重产品的性价比,忽视了售后服务的重要性。

为了应对这些挑战,小米采取了以下策略:

尊重当地文化:通过市场调研、消费者访谈等方式,深入了解印度消费者的需求和偏好。尊重印度市场的文化背景和消费习惯,在产品推广和营销策略上进行了本土化改造。

加强团队建设:招聘当地人才,建立多元化的团队,提高跨文化沟通能力。

优化售后服务:加强售后服务体系建设,提高服务质量,满足印度消费者的需求。

加强品牌文化建设:通过品牌传播、文化活动等方式,塑造与当地文化相契合的品牌形象。

表 5-6 全球化战略风险管理策略对比

风险类型	典型案例	应对策略
政治风险	华为在美国的遭遇	多元化市场布局、加强政府沟通、建立风险预警机制、加强合规管理
经济风险	联想在全球市场的汇率风险	汇率风险管理、多元化融资、加强成本控制、市场细分与定位、产品创新与差异化、加强品牌建设
文化风险	小米在印度的文化差异挑战	深入了解目标市场文化、本土化改造、加强跨文化培训、尊重当地文化、加强文化交流、建立本地化团队

全球化战略的风险管理是企业拓展国际市场时必须面对的重要课

题。政治风险、经济风险和文化风险是企业面临的主要风险类型。为了有效应对这些风险,企业需要采取多种措施:建立合规体系、多元化市场布局、加强政府关系以应对政治风险;使用金融衍生工具、多元化融资渠道和加强成本控制以应对经济风险;建立多语言沟通平台、开展跨文化培训、尊重当地文化习俗以应对文化风险。通过综合运用这些策略,企业可以在全球化进程中降低风险、提升竞争力,并实现可持续发展。

第四节　全球化战略的持续创新

在全球化的浪潮中,企业要想在激烈的国际市场竞争中脱颖而出,就必须持续创新。技术创新、品牌国际化与差异化竞争、数字化营销与全球消费者互动,这三者构成了全球化战略持续创新的核心要素。

一、技术创新引领全球市场拓展

技术创新是企业全球化战略的基石。在全球化进程中,技术不仅是提升企业竞争力的关键,更是企业拓展国际市场的有力武器。通过技术创新,企业可以开发出具有自主知识产权的核心产品和技术,从而在国际市场上占据领先地位。

华为全球化战略的成功离不开技术研发和创新。2022年,华为投入1 615亿元用于研发,位居中国企业之首,在全球企业中排名第五位。同时,华为的财报数据显示,2022年研发投入占其全年总营收的

25.1%。尽管面临制裁，华为仍大幅增加研发投入，推动通信、人工智能、半导体等领域的创新。在面临美国制裁的压力下，华为坚定地将销售额的一到两成用于研发，为全球科技创新贡献了重要力量。

华为在技术创新方面的投入与成果，可以从其研发投入和专利申请数据中窥见一斑。为官方数据显示，近年来，华为每年的研发投入均超过1 000亿元，占其年收入的15%左右。同时，华为在全球范围内的专利申请数量也遥遥领先，成为全球最大的专利持有企业之一。

华为5G技术的研发与应用，不仅在国内市场取得了显著成效，更在全球市场上展现了强大的竞争力。华为在5G标准制定、核心技术研发、网络建设等方面均处于全球领先地位。通过5G技术的创新应用，华为不仅提升了自身产品的性能与效率，还推动了全球5G产业的发展，为全球市场拓展奠定了坚实基础。

华为的技术创新不仅体现在产品层面，还体现在其全球市场拓展策略上。华为通过技术创新，实现了产品的差异化竞争，满足了不同国家和地区消费者的多样化需求。同时，华为还通过技术创新提升了其全球供应链的效率和稳定性，确保了在全球市场的持续竞争力。

华为在技术创新上的经验主要体现在三个方面：

加大研发投入：企业应持续加大研发投入，建立全球研发中心，吸引全球顶尖人才，共同推动技术创新。

建立技术联盟：通过与国际知名企业、科研机构建立技术联盟，共同研发新技术、新产品，提升企业的技术创新能力。

加强知识产权保护：加强知识产权保护，确保企业的技术创新成果得到法律保护，避免被竞争对手模仿或侵犯。

二、品牌国际化与差异化竞争

品牌国际化是企业全球化战略的重要组成部分。通过品牌国际化，企业可以在全球范围内树立统一的品牌形象，提升品牌知名度和美誉度。同时，品牌国际化还可以帮助企业更好地适应不同国家和地区的文化差异，实现跨文化的沟通与交流。

海尔在品牌国际化方面的成功，得益于其独特的品牌定位和差异化竞争策略。海尔始终坚持"用户至上"的品牌理念，通过不断创新和改进产品，满足全球消费者的多样化需求。

海尔通过在全球范围内推广"人单合一"的管理模式，实现了员工与用户的直接连接，提升了品牌的用户体验和口碑。同时，海尔还针对不同国家和地区的市场需求，推出了多种定制化的产品和服务，满足了不同客户的差异化需求。

海尔还通过赞助国际体育赛事、举办文化交流活动等方式，提升了品牌的国际影响力和知名度。例如，海尔曾赞助过奥运会、世界杯等国际体育赛事，这些活动不仅提升了海尔的品牌形象，还为其在全球市场的拓展提供了有力支持。

海尔的品牌国际化不仅提升了其产品的附加值和竞争力，还为其在全球市场的拓展奠定了坚实的基础。海尔通过品牌国际化，成功进入了欧洲、北美等高端市场，实现了从"中国制造"向"中国创造"的华丽转身。

海尔的品牌国际化策略主要体现在以下几个方面：

明确品牌定位：企业应明确自身品牌定位，根据目标市场的消费者需求与偏好，制定差异化的品牌策略。

加强品牌宣传：通过参加国际展会、赞助体育赛事、开展公益活动等方式，提升品牌知名度与美誉度。

提升产品与服务品质：通过研发创新产品、提升服务质量等方式，增强消费者对品牌的信任与依赖。

三、数字化营销与全球消费者互动

数字化营销是企业全球化战略的新趋势。通过数字化营销，企业可以更加精准地定位目标客户群体，实现精准营销和个性化服务。同时，数字化营销还可以帮助企业更好地与全球消费者进行互动和沟通，提升品牌的用户粘性和忠诚度。

在全球化数字营销战略上，阿里巴巴通过大数据分析、社交媒体营销、搜索引擎优化等方式，精准定位目标消费者，实现与全球消费者的实时互动。同时，阿里巴巴还通过跨境电商平台，为国内外商家提供便捷的交易服务，推动了全球电商产业的繁荣发展。

阿里巴巴在数字化营销策略上主要采取了以下举措：

利用大数据分析：通过大数据分析，精准定位目标消费者，了解他们的消费习惯与偏好，制定个性化的营销策略。

开展社交媒体营销：利用社交媒体平台，与全球消费者进行实时互动，提升品牌知名度与美誉度。通过发布有趣、有料的内容，吸引消费者的关注与参与。

优化搜索引擎排名：通过搜索引擎优化，提升品牌在搜索引擎中的排名，增加品牌曝光度与流量。同时，利用搜索引擎广告，精准投放广告，提升转化率。

拼多多作为新兴的电商平台，其数字化营销战略同样值得借鉴。

拼多多通过社交裂变和团购模式，实现了用户快速增长和流量的有效转化。拼多多通过跨境电商平台和国际营销活动，吸引了大量海外消费者的关注和参与。这些数字化营销活动不仅提升了拼多多的品牌知名度和影响力，还为其在全球市场的拓展提供了更多可能性。

在全球化的浪潮中，以华为、海尔、阿里巴巴、小米、拼多多等国内企业为例，它们通过技术创新提升了产品的竞争力；通过品牌国际化战略树立了统一的品牌形象；通过数字化营销与全球消费者进行了广泛的互动和沟通。这些成功经验不仅为其他企业提供了有益的借鉴和启示，也为中国企业在全球化进程中树立了良好的榜样和标杆。